겨자씨 한 알

겨자씨 한 알

정수자 수필집

수필과비평사

■ 책을 내면서

따스한 봄날
고희를 훌쩍 넘긴 해넘이에 들어서서
때 아닌 수필집을 발간합니다.
부족한 글들이지만
제게는 무척 힘들고 어려운 작업이었습니다.
고통과 고독에 휩싸여 그만 내려놓고 싶기도 했지만
행복한 시간이 더 많았습니다.
글을 쓰면서 마음의 무거운 짐도 덜 수 있었으며
용서와 배려도 배웠습니다.
흐뭇하고 너그러운 시간이기도 했습니다.
하늘에 계시는 조부모님과 부모님도 만나 뵈었고
존경하는 분, 잊었던 분들도 찾았으며
가물거리는 소꿉친구도 만났습니다.

글쓰기란 힘겨운 멍에 같지만
외로움에서 벗어날 수 있었으며
밝고 따사로운 곳으로 이끌어 주기도 합니다.
철학적인 깊은 글이 아니 되더라도
문학적으로 더 이끌어 가고 싶습니다.
이 책을 읽음으로써 나 뿐만 아니라
괴롭고 고통 받는 사람들의 마음이
조금이라도 치유되었으면 합니다.
책이 나올 수 있도록
은총을 베풀어 주신 하나님께 영광을 올리며
버팀목이 되어준 가족에게 무한한 사랑을 전합니다.

2014년 새봄
정수자

■ 차례

○ 책을 내면서 • 4

1
무엇으로 그리워할까

몽블랑 볼펜 • 13
2주간의 동거 • 17
대학 강의실에 들어서며 • 22
기차 여행의 추억 • 28
금 솥 이야기 • 33
산책의 낭만 • 38
놋대접의 검은 물 • 43
무엇으로 그리워할까 • 48

2
물처럼 살고 싶다

55 * 빛 잃은 반딧불이
60 * 감 하나
64 * 물처럼 살고 싶다
69 * 해돋이
74 * 버찌 점심
79 * 속삭임
85 * 화려한 외출
90 * 아기 손 단풍
95 * 내 마음의 은하수

3
나의 예수 이야기

나의 예수 이야기 • *103*
내 사위는 안수집사 • *108*
사랑부 아이들 • *113*
이스라엘 • *118*
요르단 • *125*
2000년 밀레니엄을 맞으며 • *130*
부활절에 부쳐 • *136*
캄보디아의 까만 눈 • *141*
몽골의 푸른 들 • *146*

4
어느 토요일 오후

157 • 파이프 오르간이 있는 성당
162 • 안녕하세요, 신부님
168 • 음률의 감동
173 • 오마주 투 코리아
178 • 봄의 문턱에서
183 • 희미한 옛이야기
190 • 인지 장애의 입문
195 • 산행의 기쁨
201 • 어느 토요일 오후

5
돌아온 프리지어

너들 먼저 먹어라 • *209*
자린고비의 하루 • *214*
돌아온 프리지어 • *220*
그 섬에 가고 싶다 • *224*
시장 순례 • *229*
나이를 먹고 보니 • *234*
크리스마스이브의 축제 • *239*
크리스마스의 감사 • *244*

■ 작품해설 | 박양근
≪겨자씨 한 알≫의 생명과 미학적 재현 • *249*

무엇으로
그리워할까

몽블랑 볼펜

　공항 면세점에서 몽블랑 볼펜 한 자루를 샀다. 솜씨 없는 사람이 연장 나무란다는 말처럼 글씨 한번 잘 써 보겠다는 욕심을 부렸다. 글 쓸 일이 많지 않지만 한번 쓰더라도 잘 쓰면 된다는 변명도 보태었다.
　학교 다닐 때는 글씨가 크게 신경 쓸 일이 아니었다. 내 글씨가 조금은 괜찮았고 그 당시는 필기가 반듯한 경우가 많지 않았다. 졸업 후 친구에게 편지를 쓰는 일도 그럭저럭 잘 넘겼다. 글씨가 꽤 신경 쓰인 때는 결혼 후 동창 모임의 총무를 맡았을 때였다. 십 년 넘게 이어 온 회계 장부에는 전임 총무들의 이름과 경비 내역서가

꼼꼼하게 정리되어 있었다. 하나같이 액수에 빈틈이 없고 그들의 성품답게 깔끔한 글씨였다. 나도 장부 정리에 정성을 쏟았지만 글씨체는 따라잡을 수가 없었다. 내가 글씨를 못 쓴다는 사실을 비로소 알았지만 만시지탄이었다.

졸필을 드러내지 않으면 아니 될 경우가 더러 생긴다. 결혼식 축의금이나 장례식 조의금을 준비할 때다. 젊었을 때는 대수롭지 않았으나 나이가 들수록 볼품없는 글씨로 인하여 혼주나 상주 앞에 서기가 부끄러워진다. 경조사 봉투를 준비할 때마다 남편에게 부탁하였으나 지금은 그럴 수 없다. 남편의 글씨는 필경사를 해도 될 정도로 달필이었다. 요즘은 필체가 좋은 친구가 돋보이고 인격마저 높아 보인다. 이래저래 생각다 못해 품질 좋은 펜을 사용하면 조금이나마 나아질까 생각이 든 것이다.

들뜬 기분으로 집에 도착하자마자 남편에게 볼펜을 내보였다. 볼펜을 받아 쥔 남편은 포장된 케이스를 열지도 않고 이리저리 돌려 보면서 나를 바라보았다. "글씨 잘 써 보려고……." 하였더니 이 볼펜은 한글 쓰기에 불편하다고 혼자 말하듯 대꾸를 했다. 서양 제품인 몽블랑은 영어를 쓰기 위한 필기구라고 했다. 죽죽 밀어가며 쓰는 영어에는 미끄러운 펜촉이 어울리지만 한글은 또박또박 떼어 써야 하므로 까끌까끌한 펜이 편하다고 하였다. 필기구에 걸었던 기대가 무너지며 실망의 한숨이 저절로 나왔다.

사람의 성품에는 다섯 '씨'가 있다고 한다. 솜씨, 마음씨, 말씨, 맵시, 글씨가 그것이다. 사람마다 재능이 다르고 한 사람이 모두 다

갖기는 힘들다. 여성에게 으뜸 재주는 솜씨일 것이다. 솜씨에는 요리와 바느질이 있지만 이것들은 가정주부의 기본 조건에 해당한다. 사대부의 종갓집 며느리가 되려면 이것 외에 맵시와 말씨가 덧붙어져야 한다. 차림새는 말쑥하면서 품위가 있어야 하고 말씨는 부드러우며 상대방을 존중하는 친절함이 깔려야 한다. 여기에 서예를 곁들이면 종부로서 금상첨화라 하겠다.

나는 결혼할 때 내가 가진 '씨'는 많다고 생각했다. 말씨와 맵시에 음식 솜씨를 조금은 갖추었다는 자부심을 가졌다. 그런데 요즈음 이 모든 것이 나의 자만심이었음을 알게 되었다. 사람은 나이를 먹어야 겸손해지는가 보다.

손재주는 타고난다는 말이 있다. 가슴 아프지만 글씨도 애당초 갖고 태어나는가 보다. 필체를 바꿀 수 있는지 모르겠으나 어린 시절의 제 버릇대로 글씨를 쓰기 쉽다. 다행스럽게 두 딸은 모두 필체가 좋다. 글씨뿐만 아니라 그림이나 공예도 썩 잘한다. 글솜씨 좋은 아버지를 닮았으니 다행스럽고 고마울 따름이다.

문제는 아들이다. 외모뿐만 아니라 흰 피부와 체형이 남편과 비슷하여 붕어빵 같다고 친척들이 우스개를 한다. 한데 필체는 전혀 아니다. 꼬불꼬불한 아들의 글씨를 보면 모계 유전이 생각날 정도로 애석하기 이를 데 없다. 언젠가 아들에게 글씨로 불편한 일은 없느냐고 은근히 물었지만 아들은 나를 멀뚱히 쳐다보면서 왜 그러느냐고 했다. 보기 싫은 글씨체로 사회생활이 불편할지 모르니 교정하는 게 어떠냐고 하였다. 컴퓨터가 있으니 필체를 굳이 고칠 필요

몽블랑 볼펜

가 없다고 대답했다.
　궁하면 통한다는 말이 있다. 결혼 후에 여러 가지 힘들었던 일이 많았다. 경제적으로 어려웠을 때는 아이들의 기초 교육과 가정 학습까지 직접 지도하였다. 젊은 나이에 남편의 고혈압으로 빚어진 힘겨운 일도 잘 헤쳐 나갔다. 나이가 들면서 필체가 눈에 걸려 딸의 공책에 글씨 연습을 하기도 하였지만 손끝이 이미 굳어져 좀처럼 고칠 수가 없었다. 끈질긴 근성이 부족하였지만 글씨에 궁한 상황이 아니라는 핑계를 빌어 연습은 흐지부지해 버렸다.
　요즘은 육필을 보여 주는 경우가 별로 없다. 보여주어야 하는 경조사 봉투도 인쇄하여 시중에 판매한다. 그런데도 내게는 한 가지 지켜 오는 것이 있다. 그것은 경조사 봉투를 준비할 때는 꼭 내 손으로 적는 일이다. 남들은 헛고집이라고 말하지만 나는 마음의 정성이라 여긴다. 보이는 필체보다 보이지 않는 진심이 더 중요하다고 생각하기 때문이다.
　아이들은 종종 내 속도 모르고 몽블랑 볼펜을 빌려서 글씨를 써 본다. 그때면 신기하게도 반듯한 글씨체가 이루어진다. 남편은 남편대로 "이제 글씨 잘 되어가" 하며 짓궂은 장난을 걸어오곤 했었다. 그럴 때마다 반 푼어치도 못 되는 내 글씨체를 내려다보며 한숨을 토했다.
　어느덧 십 년이 지나간다. 그때 구입한 볼펜을 지금껏 간수하면서 요긴하게 사용하고 있다. 오늘도 집안 혼사에 가려고 '축 결혼'을 봉투 겉봉에 적기 위해 몽블랑 볼펜을 손에 쥔다. 여전히 졸필이다.

2주간의 동거

메일에 자랑스러운 할머니라는 제목이 눈에 들어왔다. 대학에 입학한 외손녀의 편지였다. 급히 메일을 열었다. "할머니, 서울의 봄은 너무 추워요."라고 운을 떼고는 할머니께 편지를 쓰니 기쁘다고 했다.

지난 구정 전후로 작은딸 가족이 휴가를 얻어 2주간 스페인, 프랑스로 자유여행을 떠났다. 손녀는 수능 시험을 치르고 대학에 원서를 넣었는데 한 학교에는 합격했으나 원하는 대학에서는 대기 후보로 통보받았다. 마침 그때가 후보 발표가 있을 즈음이고 입학 등록, 기숙사 입사에 대한 모든 수속을 처리하기 위해 가족 여행을 포기

했다. 대신에 우리 집에서 2주간 묵기로 했다. 손녀가 태어나서 이십여 년간 같은 아파트 단지에 살았으나 정작 같이 지내기는 처음 있는 일이었다.

 소녀티를 갓 벗고 청년기에 접어드는 손녀가 옷 가방을 들고 우리 집에 들어섰다. 묵은 것밖에 없는 집안이 일순간 산뜻하고 환하게 밝아졌다. 움직이는 것은 TV 화면밖에 없는 거실의 모든 가구도 덩달아 움직이는 것 같았다. 나도 활기차고 힘이 솟아 우왕좌왕 분방해졌다.

 비록 보름 동안이지만 함께 산다는 것이 정말 좋았다. 낮에 학교 가는 것도 아니고 종일 집에 머무르며 같이 부대끼며 지냈다. 그동안 서로 알지 못했던 부분들을 일깨워 가며 가까워지는 듯했다. 조금은 긴장이 되기도 했지만 내 몸에 생기가 돌며 힘이 솟아나는 것 같았다.

 손녀와 나의 생활 패턴은 완전히 달랐다. 나는 알람 소리로 새벽 네 시에 눈을 뜬다. 잠을 깬 후 조금 머뭇거리다 새벽 예배를 드리러 교회에 간다. 예배를 마치고 곧장 사우나를 하고 8시경에 집에 도착한다. 아침을 먹고 외출 준비를 하거나 외출을 하지 않으면 집안일을 한다. 손녀는 정오가 되어서야 일어난다. 내가 점심을 먹을 때 손녀는 비로소 아침 식사로 같이 한다. 외출도 오후에 하는 일이 많았다. 열 시가 내 취침 시간인데 손녀는 야참을 먹고는 밤 한 시가 지나야 잠자리에 든다고 한다.

 손녀가 있는 동안 나는 최대한 외출을 줄였다. 함께 있다는 것만으로도 즐거웠다. 손녀가 종일 집에 있는 날에는 잠옷을 입은 채 무릎을 덮는 빨간 담요를 온몸에 두르고 밥을 먹고 노트북을 들여다보며 어슬렁거린다. 우체국 앞에 세워졌던 빨간 우체통이 움직이는 것 같다고 웃으며 재미있어 했다. 오후에 먹고 싶은 피자, 치킨도 시켜 먹고 엄마 앞에서 마음대로 먹지 못하는 라면도 끓여 먹으며 마냥 행복해했다.

초조하게 기다리던 대기 후보 학교에서는 끝까지 합격 통보가 없었다. 마음이 아팠지만 햇살이 따스한 어느 날 손녀는 대학교에 보낼 사진을, 나는 잡지사에 보낼 증명사진을 준비하기 위해 부경대학 교정을 걸었다. 젊음의 상징인 대학 교정은 공기부터 다른 것 같았다. 크게 숨을 들이쉬고는 주위를 돌아보았다. 곳곳에 서 있는 듬직한 건물들, 숲을 이루는 나무들, 흙까지도 살아 숨 쉬는 것 같은 산뜻한 공기를 한껏 들이마시며 지나는 학생들의 활기찬 발걸음에 나의 걸음에도 힘이 주어진다. 손녀가 앞으로 부딪쳐야 할 대학 생활과 기숙사 이야기, 친구들, 남자친구 이야기를 하며 오후를 즐겼다.

나의 대학 시절이 생각났다. 강의실을 찾아 바쁘게 숲길을 걷던 일, 정오에 전교생이 대강당에 모여 예배드리던 chapel 시간, 예배를 마치고 물밀 듯이 쏟아지는 청춘의 무리들, 점심을 먹기 위해 기숙사로 향하는 행렬, 새소리에 잠을 깨는 숲 속의 기숙사가 다시 그리워졌다.

나는 컴퓨터가 미숙하여 곤란을 많이 겪었다. 마침 손녀가 있어서 학원생같이 하나하나 가르쳐 주었다. 나이 탓에 한번으로 끝날 일을 몇 번이나 반복하여 묻고 필기까지 해야 했다. 그래도 필요해서 부르기만 하면 짜증 한번 내지 않고 어찌나 잽싸게 달려오는지 미안하면서도 고마웠다. USB를 직접 구입하여 사용법을 가르쳐 주며 보름 동안 많은 과정을 배웠다.

 2주 후 손녀는 서울로 올라갔다. 허전하면서 소식이 궁금하고 보고 싶었다. 마침 서울 큰딸에게서 전화가 왔다. 안부 인사와 용무를 끝낸 후 손녀의 소식을 물었다. 일요일에 집에 다녀갔다면서 할머니가 대단하더라는 말을 전해 주었다. 같이 있어 보니까 시간만 있으면 컴퓨터에 글을 쓰며 USB에 작품을 저장하기도 했다는 얘기다. 이모는 그 나이에 그렇게 하겠느냐며 할머니가 너무 자랑스럽다고 하였단다. 손녀의 칭찬에 가슴이 설레었다.

 그런 손녀에게서 오늘 컴퓨터로 간단한 글이 날아왔다. 학교에 잘 다닌다면서 보름 동안 같이 있으면서 할머니의 본성을 알았다나. 자기가 대학에 다니는 것도 할머니 새벽기도 덕분이며 시간만 있으면 글을 쓴다는 사실에 놀라웠다고 한다. 다른 할머니와 차별된 할머니의 모습을 존경한다고 했다. 기숙사 친구에게 할머니 얘기를 했더니 여름 방학에 한번 보고 싶다며 준비 단단히 하란다. 기쁘고 고맙기도 하다.

 수필 교실에 등록하여 해를 거듭하다 보니 수필 등단을 하게 되었다. 원고 교정과 등단에 필요한 여러 가지 사무적인 일로 컴퓨터에 앉을 일이 많아졌다. 당선 소감을 쓰는 일, 사진을 보내는 일들이 내가 감당 못할 일이었다. 손녀 덕분에 그런 벅찬 일을 스스로 할 수 있게 되었다. 그러다 보니 내가 무슨 대단한 일을 하는 줄 알고 과찬을 아끼지 않는 손녀가 그땐 부담스러웠으나 지금은 고맙기만 하다.

작년에 동창회 총무를 맡게 되었다. 총무가 하는 일은 동창 기금을 관리하는 일이다. 동창들의 경조사와 모임 행사에 수입, 지출 장부를 정리하면서 번번이 계산에 착오가 생긴다. 허술한 성격 탓인지 여러 번 검산을 반복해도 계산이 딱 맞게 떨어지지 않는다.

여름 방학이 기다려진다. 손녀가 오면 보름 동안 같이한 기쁨과 컴퓨터의 여러 과정을 가르쳐 주어 요긴하게 사용하고 있는 고마움을 전하고 싶다. 그리고 필요한 하나를 더 배우고 싶다. 엑셀을 배워 수입 지출의 오산으로 우왕좌왕하는 총무의 역할을 간단하면서 반듯하게 하고 싶다. 존경하는 할머니에게 그것쯤은 반드시 가르쳐 줄 것이다. 손녀에게 답장을 쓰려고 컴퓨터에 앉는다.

대학 강의실에 들어서며

　수필 강의 수업을 받기 위해 대학 평생교육원에 등록을 했다. 개강하는 첫날 호기심과 기대감으로 학교로 향했다. 우리 집 가까이 학교가 있으므로 얼마 지나지 않아 정문 앞에 이르렀다. 학생들의 빠르고 활기찬 걸음걸이에 나도 모르게 허리를 쭉 펴고 나름대로 씩씩하게 걸었다.
　강의실을 찾을 수 없어 두리번거리며 쑥스러운 마음으로 학생들에게 물었다. 공손하게 가르쳐 주는 반듯하고 예의 바른 모습에 다소 안심이 되었다. 건물을 찾아 학생들과 같이 엘리베이터를 탔다. 무안함과 부끄러움이 한꺼번에 몰려 얼굴이 화끈거려 고개를 들 수 없었다. 어물어물 겨우 강의실을 찾아 들어갔다. 친절히 맞아주는 분들에게 어색한 인사를 하고는 긴장감으로 가슴이 두근거렸다.

  수업 시간이 되자 교수님이 들어 오셨다. 교수님과 인사를 나눈 후 수강생들의 자기소개 시간이 있었다. 앞에 나가 무슨 말인지 더듬거리기만 하다 후들거리는 다리로 겨우 자리로 돌아왔다. 수강생들은 15명 정도였으며 연령은 제각각이었으나 나중에 알고 보니 내가 가장 연장자였다. 조심스러움은 여전했으나 날이 갈수록 조금씩 적응이 되었다.

  이 늦은 나이에 대학 강의실에 앉으리라고는 전혀 예상 못한 일이었다. 처음엔 얼떨떨한 상태에서 수업은 물론이고 넓은 교정도 눈에 들어오지 않았다. 그저 어색함 속에서 무감각하게 다녔다. 시간이 지날수록 교수님의 강의가 조금씩 귀에 들어오며 수강생들의 배려에 불안과 초조하던 마음이 안정되는 것 같았다.

  나이를 먹으면서 외국 여행 다닐 기회가 있었다. 여러 나라를 다니다 보면 관광 차원에서 대학을 방문할 기회가 종종 있었다. 그럴 때마다 교정을 둘러보고는 강의실이 무척 보고 싶었다. 한번은 남편과 미국 여행에서 보스턴에 있는 하버드 대학과 MIT 공대를 들른 적이 있었다. 나는 세계 일등 대학의 강의실이 어떻게 생겼는지 보고 싶었다.

  하버드 대학 교정을 대충 둘러본 후 본관 앞에 세워진 설립자 동상 앞에 서서 사진을 찍었다. 내 아이들의 학업은 이미 끝났고 손자들 세대에 어느 아이든 다녀 주었으면 하는 간절한 마음이었다. 본관 일층 강당에는 설립자의 사진과 역대 대학 총장의 사진이 걸려 있었다. 벽에 걸린 사진을 둘러보며 너무 위대한 것 같아 존경심과 더불어 한없이 부러웠다.

강의실을 구경해 보자고 남편을 졸랐다. 남편은 대학 강의실이 어디든 그렇지 뭐 다를 것이 있겠느냐며 귓등으로 듣고 넘겨 버렸다. 나는 남편의 팔을 끌고 본관 이층으로 올라갔다. 수업 시간인지 모든 강의실이 문이 닫혀 있었으며 조용하기 그지없었다. 여기저기 서성거리다 어느 한 강의실 문을 살짝 열었다. 마침 뒷문이라 학생들은 그냥 있고 한쪽 손을 들고 강의를 하시던 교수님만 쳐다보았다. 넓은 강의실에 흰 샤쓰를 입은 패기 넘치는 젊은이들이 있었다. 진지하게 강의를 듣는 세계 일등 학생들의 뒷모습에 주눅이 들것 같았다. 진리 탐구와 신선함 외에는 아무것도 곁들이지 않은 엄숙함이 감도는 강의실이었다. 고도의 학문 냄새를 풍기는 분위기에 가슴이 뭉클해 옴을 느끼며 비어 있는 빈 책상에 나도 한번 앉아 봤으면 하는 어처구니없는 생각이 스쳤다. 근엄하신 교수님께 무례함의 사과와 존경심을 곁들여 절을 넙죽하고는 문을 닫았다. 내가 생각해도 어이없는 일이라 콩닥거리는 가슴을 쓸어 안았다. 그래도 강의실을 두 눈으로 보았다는 만족감에 회심의 미소가 저절로 번졌다.

강의실 넓이는 내가 다닌 학교보다 조금 더 넓은 것 같았다. 책상과 의자가 나무로 만들어졌으며 엄청나게 크고 책상 따로 의자 따로 각각 떨어져 있었다. 얼른 보아도 책걸상이 세련미가 있고 단단해 보였으며 고급스러웠다. 흰 벽으로 둘러진 강의실은 모두들 교복처럼 입은 유난히 흰 샤쓰와 융화되어 깨끗하고 말끔하여 부자 나라 일류 대학의 부유함이 서려 있었다.

큰 강의실에 학생 수는 고작 십오 명 정도였다. 넓은 강의실에 비해 다소 설렁하게도 보일 것 같았으나 학생들의 위력이었는지 꽉 찬 느낌이었다. 학생들은 둥그스름하게 반원을 그려 앉았고 교수님도 앞에 앉아서 강의하셨다. 강의하시는 교수님의 진지함과 듣는 학생들의 열중하는 모습은 훗날의 석학들을 떠올리게 했다. 핀잔을 들으며 계단을 따라 내려오다 힐긋 돌아보는 남편에게 혀를 쭉 내밀었다.

북경 갔을 때의 일이었다. 관광을 다니는데 안내자가 길옆 건물을 가리키며 국립 북경대학교라 했다. 일행 모두가 교직자여서 일정에 없는 대학을 견학하고 싶다고 했다. 안내자가 예약을 해야 하는데 하면서 대학 정문으로 차를 돌려 수위실로 들어갔다. 한국의 현직 교사로서 대학을 방문하고 싶다고 했다. 장부를 훑어보고는 예약이 되지 않아 불가능하다는 대답이었다. 현직 교사들이니 한번 건의해 달라고 요청하고는 한참을 기다렸으나 결국 거절당했다. 자랑스러운 대학을 자유롭게 출입 못함을 의아해하면서 씁쓸하게 돌아섰다.

러시아 관광으로 모스크바를 구경하던 중 조금만 가면 모스크바 대학을 지나게 되는데 들러 보겠느냐는 안내자의 설명이었다. 예약을 안 해도 되느냐고 반문했다. 모스크바 국립대학교는 놀랍게도 교문이 활짝 열려 있었다.

  숲 속의 캠퍼스를 둘러보며 건물 안에도 자유롭게 드나들 수 있게 개방되어 있었다. 본관에 들어서니 복도가 조금은 허름해 보였다. 마침 여름방학이라 텅 빈 강의실도 들여다보았다. 강의실 크기는 다른 대학과 비슷했으며 흰 벽의 강의실에 나무로 만들어진 책걸상이 흐트러짐 없이 잘 정돈되어 있었다. 안정감 있게 세워진 건물과 달리 조금은 노후된 실내로 패기 넘치는 젊음과 부유함은 부족한 것 같았으나 깊은 학문의 냄새를 맡을 수 있었다. 배움의 전당인 대학 강의실은 어디를 가나 진리와 진실함이 담겨져 있는 것 같았다.

  고희를 맞으며 생각지도 못한 대학 강의실 문을 두드렸다. 학부생도 대학원생도 아닌 처지에 막연히 글을 쓰겠다는 바람으로 교정에 들어섰다. 내게는 큰 용기가 필요했다. 전공과목도 아니고 글을 써 보았거나 쓰겠다는 생각조차 해 본 적이 없는 글쓰기를 배우겠다니 객기를 부리는 것 같기도 했다.

  걱정 반 기대 반으로 수업을 받으니 날이 갈수록 잘한 일 같다. 나의 부족함을 인식하고 우둔하나마 다듬는 시간이기도 하다. 이제는 교문 앞에서도 제법 의젓하게 출입을 하며 조금은 폼이 나는 것 같기도 하다. 아주 잊고 있었던 교수님, 캠퍼스, 강의실, 수업 시간 같은 대학에서만 사용하는 용어들도 차츰 익숙해지면서 뿌듯하기까지 하다.

  캠퍼스와 학생들은 지나치는 자동차 안에서나 길을 걸으며 자주 보아 왔으나 강의실이 궁금했다. 요즘 대학의 변화된 강의실을 보고 싶었다. 호기심으로 강의실에 들어섰다. 책상을 바로 하고 걸상에 앉으니 신기한 마음에 들뜨기도 했다. 강의실은 생각보다 좁으며 책상은 현대식 재료로 사용하여 가볍고 날렵하면서 세련미가 있다. 처음에는 익숙지 않아 어색하기도 하며 조금은 흥분된 상태에서 수업을 받았다. 수업을 마치고 강의실 이곳저곳을 흘금흘금 들여다보며 멋쩍게 돌아다녔다. 하버드 대학 강의실 문을 열고 살며시 훔쳐보았던 생각이 떠올랐다.

기차 여행의 추억

시골 할머니 댁에 가면서 처음으로 기차를 탔다. 명절이나 제사를 지내기 위해 청도까지 완행 증기 열차를 타고 가끔씩 할머니 댁에 갔다. 기차는 역마다 정차하여 사람들을 내리고 태웠으며 목적지까지 얼마나 걸렸는지 기억이 나지 않는다. 언니들이 고등학교 갔을 때는 방학을 맞아 남동생과 둘이서 할머니를 뵈러 갔다.

청도는 감이 많은 곳이라 집집마다 감나무들이 많이 있다. 우리 할머니 집에도 넓은 마당 돌담을 따라 열두 그루의 큰 감나무로 둘러져 있다. 봄에 한번 갔더니 하얀 감꽃이 활짝 피어 참 예뻤다. 아침에 일어나 밖에 나가 보니 앞마당 뒷마당 채전밭 없이 온통 하얀

게 감꽃이 떨어져 있었다. 눈이 왔나 하고 어찌나 놀랐는지 지금도 눈에 선하다. 추석에 가면 그렇게 많이 달려 있던 감이 어디로 사라지고 듬성듬성 달려 있는 빨간 홍시를 망태가 달린 긴 장대로 할아버지가 손수 따 주셨다.

꿈에 그리던 서울은 대학 입학시험 치를 때 처음이었다. 완행열차를 타고 시골만 다니다 하루에 한번만 다닌다는 통일호 특급 열차는 좌석도 넓고 입석도 없이 앉은 사람뿐이었다. 기차가 조용하면서 한가롭고 호텔같이 깨끗했다. 부산서 출발하여 삼랑진에서 물을 공급받아 서울까지 가는데 모든 것이 신기한 구경거리였다.

여섯 시간쯤 지나 서울역에 도착했다. 역사를 빠져나와 두근거리는 가슴으로 주변을 둘러보았다. 서울역 넓은 광장 앞으로 길 건너 환하게 뚫어진 곳에 남대문이 눈에 띄었다. 마중 나온 친척 오빠에게 저게 남대문이냐고 물어보고 싶었지만 용기가 나지 않았다. 친척집에 도착하자 아주머니께 인사를 드리고 짐을 풀었다. 다음 날 학교 소집일이 되어 오빠와 학교로 갔다.

교정에 들어서니 웅장한 석조 건물들이 우뚝우뚝 높이 서 있었다. 그 위용에 위축감을 느껴 나 자신이 너무 초라해지며 수험표를 받아 돌아오는 발걸음이 무거웠다. 운 좋게도 그해 봄부터 정겨운 증기기관차 통일호를 4년 동안 타고 다니며 내 생애 최고의 해를 보냈다.

졸업 후 얼마 지나지 않아 결혼하였고 서울 갈 일이 별로 없었다. 결혼 한 지 거의 20년이 지나 아이들의 학교 진학 관계로 서울을 오르내리게 되었다. 한편 기차도 발전을 거듭하여 증기기관차는 사라지고 전기기관차 무궁화호가 다니는가 하더니 더 빠른 새마을호가 서울을 왕래하게 되었다.

  입학시험, 하숙 문제로 다닐 때는 걱정과 조아림으로 마음에 여유도 없이 그저 바쁘게 다녔다. 아이들의 입학과 졸업이 계속되면서 큰애가 졸업을 하나 했더니 얼마 지나지 않아 서울에서 결혼식을 올리게 되었다. 신접살림을 차리면서 더 바쁘게 오르내렸으며 작은 애들도 학교 졸업에 연이어 결혼을 하게 되었다.

  다시 10년이 지났다. 어느새 나는 여러 손자의 할머니가 되어 있었다. 이제는 새마을호로 편안하고 여유롭게 서울을 다니게 되었다. 기차를 타고 좌석에 앉아 지그시 눈을 감으며 심호흡으로 크게 숨을 들이마신다. 가슴이 뿌듯해지며 무슨 일이 일어날 것 같은 기대감으로 설레기도 한다. 그래도 기차는 여전히 청도 고향을 지난다. 창문 밖으로 할머니 집을 볼 수 있어 감나무로 둘러져 있는 정겨운 초가집을 목을 빼 바라보기도 한다.

  어머니 손을 잡고 할머니 집에 가면 반갑게 맞아주시던 할머니 할아버지의 환한 얼굴, 평소에 먹어보지 못한 여러 가지 제사 음식과 빨간 홍시를 먹었던 일들이 생각난다. 삼촌들 결혼식과 막내 고모 시집가던 날도 어슴푸레 떠오른다. 집에 돌아오는 길에 우리들이 탄 기차가 지나가는 것을 보기 위해 마당에 나와 계시던 할머니. 우리를 향해 손을 흔들던 할머니의 모습이 희미하게 보이기도 한다. 딸애가 입학시험에 떨어져 혼자 부산까지 훌쩍이며 눈물지었는가 하면 손자 돌잔치 축하를 위해 남편과 서울 나들이로 행복했던 생각들이 스쳐간다.

차창 밖으로 눈을 돌리면 겨울 내내 쓸쓸했던 산들의 나무와 바위틈으로 진달래가 수줍게 피어 봄의 따스함을 전하기도 한다. 샛노란 개나리와 벚꽃의 어울림으로 길손들에게 벅찬 기쁨과 희망을 주는가 하면 오뉴월 충청도를 지나면 넓고 비스듬한 산등성이에 눈부신 태양 아래 연분홍 복숭아꽃이 만발한 아름다움에 탄성이 절로 난다. 연초록의 신록이 햇빛에 빤짝이는 모습은 마음을 정결하게 만들기도 한다.

이글거리는 태양 아래 짙푸른 녹음이 힘을 불어넣어 주는가 하면 먼지 한 톨 없을 것 같은 맑은 공기에 햇빛이 쨍하게 내리비치는 한적한 시골역도 지나친다. 역사 앞에 꾸며진 채송화, 봉선화, 달리아가 수줍게 피어 있는 소박한 꽃밭에 한가롭게 날아다니는 나비와 잠자리를 보며 나른한 오후를 즐기기도 한다.

추수를 끝낸 가을 들녘과 온 산에 그림을 그리는 단풍들, 추운 겨울 나뭇잎들이 떨어진 앙상한 가지 위로 얼기설기 엮어진 까치집들이 눈에 띈다. 스쳐 가는 크고 작은 까치집들을 세어보며 잠깐 젖어 드는 무료함을 달래보기도 한다. 해 질 무렵 마을을 지나면 초가집 굴뚝 위로 연기가 피어오른다. 손자들이 할머니 할아버지와 따뜻한 이불 속에 발을 넣고 저녁밥을 기다리는 포근한 모습이 떠오른다. 이 평화로운 아름다움이 경부선을 타고 서울을 오르내리는 기차 여행객들에게 베풀어 주는 선물이기도 하다.

몇 해 전부터 기차가 KTX로 경부선을 왕래하게 되었다. 두어 시간 남짓 걸릴 정도로 세상이 변해도 많이 변했다. KTX는 빠르고 정확하여 편리함을 따르고 있으나 빠른 속도로 일어나는 소음이 심해 마을이 있는 곳은 방음벽으로 가려져 있다. 창밖에 펼쳐지는 풍경을 바라보며 꿈꾸는 듯 여행을 즐기는데 이것이 걸림돌이 되었다. 비록 지금은 비어 있지만 할머니 집에도 방음벽으로 가려 정확하게 볼 수 없게 되었다.
　그나마 고향을 통과하던 기차가 노선이 바뀌어 요즘 KTX는 청도를 통과하지 않는다. 할머니 집 마을조차 볼 수 없게 되었다. 할머니를 잃어버렸고 나를 버린 듯 텅 빈 마음으로 허전하기까지 하다. 기차는 부산역을 떠나자마자 긴 터널 속으로 빠져 들어가니 아늑하고 포근한 기차 여행은 기대하기 어렵다. 느리긴 하지만 목을 빼고 할머니 집을 바라보던 따뜻하고 여유로운 새마을호가 그립다.

금 솥 이야기

주방 싱크대 위에는 오늘도 누런 금빛을 뿜어내며 금 솥이 번쩍이고 있다. 품위라고는 어디에서도 찾아볼 수 없으나 순박하면서 정갈한 알루미늄 금 솥을 나는 즐겨 사용한다. 두툼하고 묵직한 스텐 냄비와 깨끗하고 고운 그림이 그려진 법랑 냄비도 여러 개 있지만 나는 금 솥을 많이 쓰게 된다. 알루미늄으로 냄비가 아닌 솥 모양으로 단순하게 만들어졌을 뿐 아니라 두께가 얇아 열의 전도가 빠르다. 바쁜 시간에 조리하는데 요긴하게 쓰이며 경제적이면서 무겁지 않아 부담스럽지가 않다.

살고 있는 아파트가 건축된 지 오래되어 불편함이 많았다. 단독

주택이면 낡은 집이라도 어려움을 참고 살겠지만 공동 주택인 아파트는 전혀 그렇지가 않다. 본의 아니게 이웃집에 피해를 주기도 하고 피해받기도 한다. 난데없이 화장실 천장에서 오물이 뚝뚝 떨어지는가 하면 아랫집에서 부엌에 물이 떨어진다고 연락이 오기도 한다. 질금질금 손을 보며 살다가 어쩔 수 없이 집 전체를 수리하기에 이르렀다. 가족들은 수리보다 새 집으로 이사하기를 원했다. 의견 분분한 가운데 가족 투표에 부쳐 한 표 차로 새 집에 옮기기로 결정이 났다. 고심 끝에 새 아파트를 분양받아 완공을 기다렸다.

입주 날짜가 가까워지자 이사할 일이 이만저만한 일이 아니었다. 오랫동안 살림살이를 그대로 사용하여 정작 이사를 하려니 버릴 것 밖에 없었다. 낡고 허름한 살림들이지만 없애려도 손과 마음이 담긴 물건들이라 좀처럼 내키지 않는다. 그러나 딸아이 둘은 이미 결혼을 했고 아들도 곧 결혼하면 남편과 단둘이서 살게 될 것이다. 그 동안 쓰지 않으면서 쌓아 둔 많은 물건들을 정리하고 간편하게 살기로 마음먹었다.

이삿날을 잡아 놓고는 서서히 준비에 들어갔다. 부엌살림과 장독을 둘러볼수록 어안이 벙벙하다. 안방 장롱과 가구들은 그대로 사용하고 싶었으나 새 집에는 옷장까지 붙은 드레스 룸이 있어 필요 없게 되었다. 거실 가구들과 시집간 아이들의 용품들까지 밑도 끝도 없이 어지러울 지경이었다.

남편에게는 양쪽 베란다에 꽉 들어찬 화분을 처리하도록 했다. 식구도 없고 좁은 집도 아닌데 화분이 왜 문제냐고 시동을 걸었다.

나무를 가져가려면 당신까지 두고 가겠다고 엄포를 놓았다. 내 서슬에 기가 꺾여 퇴근 후 집에 들어서면 꽃만 바라보고 있다. 중요한 것만 골라 한쪽 베란다에 반만 차게 하자고 했다. 그러려면 사 분의 일만 가져가야 하니 매일 저녁 고심하는 눈치다.

하루는 열쇠를 달라더니 새 집 베란다를 둘러보겠다고 나섰다. 나는 화분을 줄이고 싶었다. 넓은 베란다에 화분으로 가득 차게 될 것 같아 남편에게 한마디 말도 없이 거실 앞 베란다 확장공사로 거실을 넓혔고 아들 방 베란다도 방으로 넓혀 놓았다. 아니나 다를까 남편은 볼이 잔뜩 부어 들어왔다. 폭발할 것 같은 모습에 숨도 크게 쉴 수 없었다. 저녁 밥상에서 "이 집에는 주인도 없어." 퉁명스런 볼멘소리에도 들은 척 만 척 한자리에 앉아 밥도 먹을 수 없었다. 간편하게 살겠다고 마음먹으니 화분뿐만 아니라 흐트러지고 쌓여진 물건 없이 넓고 환하게 살고 싶을 뿐이었다.

요즘은 버릴 물건 처분하는 것도 여간 까다롭지가 않다. 전자 제품은 전력 관계로 어쩔 수 없으나 안방 옷장과 거실 가구까지 처분하려니 마음이 아프고 허전하기까지 했다. 동분서주 끝에 시골 양로원에도 보내고 친구 소개로 헬스클럽에, 멀리 있는 친구 집에 두루 보내면서 이것저것 정리했다. 자개 옷장과 화장대, 삼층장을 친구 집에 보내면서 이십 년 후에 다시 돌려받기로 하는 해프닝도 벌였다.

짐을 꾸리면서 광 속이나 장롱 깊숙한 곳에서 예상치도 못한 물건들이 나올 때는 기쁘기도 하며 우습기도 했다. 별로 필요치 않아 잊고 있었던 것들이었지만 정겹고 반가웠다. 광 속 후미진 곳에서 퀴퀴한 냄새를 풍기며 먼지 쌓인 물건들을 보며 혼자 옛 생각에 잠기기도 했다. 아쉬움과 그리움 속에서 처분할 것을 대충 끝내고 보니 한편으로 마음이 홀가분해지기도 했다.

새 집에 와서 이삿짐을 풀고 있는데 알루미늄 찜통 속에 누런 종이에 쌓인 물건이 담겨져 있었다. 재빨리 종이를 풀었다. 제법 큼직한 알루미늄 솥이었다. 찜통이 필요해 조금이라도 싸게 구입하려고 재래시장에 들렀다. 그릇 전에 들러 이것저것 구경하면서 예쁜 솥이 눈에 띄어 그냥 지나칠 수가 없었다. 찜통을 구입하면서 당장 필요치도 않은 솥이지만 지갑을 만지작거리며 같이 구입했던 일이 생각났다. 찜통은 곧 사용하였으나 솥은 아까워 쓰지 못하고 포장한 채로 간직해 두었다. 여러 번 필요한 일이 있었으나 불편함을 참으며 아끼다 보니 포장도 풀지 않은 채 광 속에서 삼십여 년 동안 긴 잠을 자고 있었다.

까맣게 잊고 있었던 솥을 보자 반갑고 잊었던 일들이 떠올라 기쁘기도 했다. 하던 일손을 멈추고 솥을 싸고 있는 먼지투성이 허름한 포장지 냄새를 맡아 보았다. 코를 찌르는 매콤한 냄새도 거슬리지 않고 오히려 연민의 정을 느끼게 한다. 한참 동안 솥과 얘기를 주고받으며 가슴에 품듯이 금 솥을 안았다. 눈시울이 젖어들려 한다.

그동안 주방 기구도 많은 변화를 가져와 알루미늄 냄비가 사라진 지 오래다. 세련미와 편리함을 갖춘 냄비들이 수없이 쏟아져 나왔다. 우리 부엌에도 여러 가지 냄비가 있지만 알루미늄 냄비를 '추억의 금 솥'이라 명명하고는 올해의 그랑프리로 정했다. 모든 냄비는 싱크대 아래 그릇장에 넣고 사용하면서 그랑프리 금 솥만은 싱크대 위에 버젓이 올려져 있다. 샛노란 금빛을 품어 내며 반짝이는 금 솥이 부엌에 들어서는 나를 반갑게 맞는다. 때로는 집안일을 하면서도 금 솥을 식탁에 올려놓고 힐긋 쳐다보며 실없는 사람같이 히죽거리기도 한다.

이사 온 집에는 어디를 가나 새것들만 자리 잡고 있다. 몇 년 전에 구입한 에어컨 한 대가 거실 후미진 구석에 놓여져 있으며 묵은 것이라곤 하나도 없다. 눈에 익은 것은 베란다의 화분과 집 주인뿐이다. 신접살림을 차린 것도 아니고 가끔은 낯설어 내 집 같지가 않다. 그중의 절정은 그랑프리 금 솥이다.

금 솥은 내가 힘겹게 부엌일을 하여도 지치지 않는 힘의 원천이 되어 주기도 한다. 많은 사람에게 냉대받을 수밖에 없는 촌스런 알루미늄 솥이지만 나는 거실 테이블 위에 두고 싶기도 하다. 금 솥은 누구도 알지 못하는 추억을 하나씩 떠올리게 한다. 오늘은 무슨 추억이 기다리는지 은근히 기대하며 주방에 들어선다.

산책의 낭만

　사위 안수 집사 임직식에 참석하기 위해 서울에 왔다. 공식적인 모든 행사는 어저께 끝이 났다. 하루 지난 오늘 서울에 살고 있는 언니를 만나기로 했다. 약속 장소는 광화문 세종 문화회관 12시였다. 확 트인 문화회관 광장 앞에 서니 세종대왕 동상이 먼저 눈에 띄었다. 언니를 만나자 약속이나 한 것처럼 동상 앞으로 향했다. 누런 금빛을 띤 동상 앞에 이르니 저절로 고개가 숙여졌다. 숙연한 몸가짐으로 한참 올려다보았다.
　주위를 한 바퀴 돌아본 후 지하 전시장으로 내려갔다. 한글 창시의 경로와 문학, 과학, 천문학 등 대왕의 업적이 일목요연하게 전시되어 있었다. 천천히 둘러보면서 자랑스럽다 못해 어깨가 우쭐해 옴을 느꼈다. 대왕님의 위대하심을 감사와 경의의 마음으로 표했다. 모서리 후미진 곳에 들어선 조그만 가게로 들어갔더니 예쁜 상품들이 오밀조밀 널려 있었다. 이것저것 구경하다 한글이 새겨진 티셔츠 한 장을 구입했다. 몸은 피곤했으나 밖으로 나오는 발걸음은 한결 가벼웠다.

　광장에 올라와 주위를 살피니 눈앞에 이순신 장군 동상이 보였다. 오늘은 애국하는 날을 외치며 활기차게 걸어갔다. 동상 앞에서 장군님의 애국심과 늠름한 기백이 떠올라 고개가 숙여진다. 역사에 길이 남은 위대한 업적에 감사 기도를 드렸다. 대한민국 국민으로 태어난 것이 오늘처럼 자랑스럽고 뿌듯한 적이 없었다. 그런 와중에 한쪽 편에 세워진 조그만 거북선이 눈에 들어왔다. 만들어진 거북선이 검은색이라 그런지 너무 어둡고 작아 보여 아쉽고 안타까웠다. 어디 숨은 뜻이 있겠지, 어깨를 쭉 펴고 배고픔을 해결하려 길을 건넜다.

　문화회관 뒷골목으로 들어가 여기저기 기웃거리니 가까운 곳에 설렁탕 간판이 보였다. 늦은 점심으로 빈대떡과 설렁탕으로 새 힘을 불어넣고는 돌담길 낙엽을 밟으려고 덕수궁으로 향했다. 많은 구경꾼들로 둘러진 대한문 앞에서는 수문장 교대식이 열리고 있었다. 장성한 대한의 남아들이 예복을 차려입고 줄지어 서 있다. 수장의 힘찬 호령이 있자 깃대를 높이 들고 둥둥 북소리를 내며 늠름하게 행진을 시작한다. 덕수궁뿐만 아니라 경복궁에서도 여러 차례

보아왔건만 항상 재미있고 어깨가 우쭐해지며 즐겁다.

낙엽을 밟으며 덕수궁 돌담길을 걸었다. 시립미술관 앞에 현대 작가 조각전이라는 간판이 붙어 있었다. 미술관으로 발걸음을 옮기며 어느새 마음은 차분히 가라앉아 있었다. 젊은 조각가들의 작품전이었다. 관람객을 따라 작품을 둘러봤으나 이해할 수 없었다. 그저 현대 조각에 이런 장르가 있구나 하며 씁쓸하게 돌아섰다.

길을 따라 걸으며 정동 교회, 이화여고를 지나 카페 문을 밀고 들어섰다. 폭신한 소파에 앉아 밀려오는 피곤을 풀며 따뜻한 커피를 마셨다. 음악이 흐르는 아늑한 분위기에 젖어 가족들의 옛일들이 떠오른다. 그리움으로 다가오는 아쉬운 마음을 얘기로 달래며 차분하고 깊은 가을의 낭만을 즐겼다.

다음 날은 친구를 만나 화랑을 둘러보기로 했다. 약속 장소는 광화문 교보문고 빌딩 앞 열 시였다. 오랜만에 만나다 보니 끌어안듯이 반가웠다. 그간의 일을 조잘대며 화랑을 향해 걸었다. 미국 대사관과 문화 체육부를 지나 갤러리에 도착했으나 시간이 일러 어디에도 문을 열지 않았다. 문은 닫혔으나 즐비하게 늘어선 화랑을 보고 놀랐다. 화랑은 인사동에만 집중되어 있으며 이곳에는 특별한 몇 곳만 있으리라 생각했다. 길게 이어진 화랑의 수량과 수준이 인사동 화랑에 뒤지지 않는다는 친구의 설명이다.

모든 화랑이 침묵을 지키며 굳게 닫혀 있으니 어쩔 수 없이 경복궁 돌담을 따라 걸으며 북촌 한옥 마을을 돌아보기로 했다. 교체된 광화문 현판을 바라보았다. 글씨체는 부드럽고 아름다운데 조금 나약한 감이 드는 것 같아 아쉬워하며 전번 현판에 더 많은 점수를 주는데 일치했다. 큰길을 건너 모퉁이를 돌며 아름드리나무들이 줄지어 늘어선 길을 걸으며 기무사 건물에 닿았다. 국립 미술관이라는 현판과 함께 현대 창작 조각전이라는 현수막이 붙어 있었다. 우리는 서둘러 전시실로 향했다.

마침 큐레이터가 몇 명의 관람객에게 작품에 대해 설명을 하고 있었나. 작품 내용이 다양하여 어저께와 비슷한 장르도 있었는데 설명을 들으니 한결 이해하기가 쉬웠다. 시립 미술관에서 관람한 조각전을 생각하며 우리가 이해할 수 없는 창작인의 내면의 깊은 고뇌를 조금은 알 수 있을 것 같았다. 지하에서 지상 삼 층까지 많은 작품이 전시되어 있었다. 작품 감상이 끝나자 큐레이터는 우리를 휴게실로 인도했다. 피곤에 지쳐 쉬고 있는데 설문지를 돌렸다. 오늘의 수고에 고마움을 느끼며 성의껏 설문에 응했다.

"기무사와 미술관" 전혀 어울리지 않는다. 정부에서 교통과 주위 환경으로 보아 미술관으로 안성맞춤인 것 같아 결정지었다고 한다. 새해부터 미술관 용도에 따른 수리에 들어가기로 하고는 기무사의 본래 그대로를 국민들에게 공개하는 의미로 이 전시회를 기획하였다고 한다. 요소요소에 옛 모습 그대로를 둔 채 관람객들이 볼 수 있게끔 만들었다. 이곳에서 행해진 광경이 떠올라 몸이 으슬으슬해지며 처절해 옴을 느꼈다.

피곤을 느끼며 미술관을 나서니 어느새 정오가 지나고 한 시가 가까워져 온다. 무거운 발걸음으로 먹을 곳을 찾아 두리번거리며 한참 걷다 보니 버려진 땅 같은 모퉁이에 조그마한 판잣집 카페가 눈에 띄었다. 생각할 여지도 없이 아픈 다리를 끌고 문을 열었다.
 빵과 커피를 주문하고 실내를 살펴보았다. 테이블이 몇 개 안 되는 작은 공간이었으나 겉보기와는 달리 아늑하고 따스한 분위기로 피곤이 풀리는 것 같았다. 빵을 곁들여 커피를 마시며 오늘 둘러본 창작전과 밀린 얘기로 피로를 풀며 오랜 우정을 더 깊이 쌓아갔다. 피로가 풀리자 북촌은 뒤로 미루고 경복궁 돌담길을 한 바퀴 돌려고 일어섰다.
 이 길은 청와대로 가는 길이기도 하다. 아주 오래된 길이기에 아름드리나무가 줄지어 서 있었다. 조금 경사진 오른쪽 골목길에 집들이 정갈하게 옛날 그대로의 모습을 지니고 있어 탄성이 절로 났다. 그대로 지나칠 수 없어 일본 집들로 늘어선 골목길을 두리번거리며 한 바퀴 돌았다. 한번 들어가 보고 싶은 마음에 대문 사이로 빼꼼 들여다보기도 했다.
 플라타너스 길을 걸었다. 예술과 창작, 역사, 과학, 정치에 운동까지 곁들여 앞으로 나이 듦에 대한 준비 얘기로 끝이 없었다. 우선 내가 하고 싶거나 할 수 있는 일을 한 가지씩 찾아보기로 결정했다.
 세종 문화회관 뒷골목 한식집에 들어가 생태찌개 백반을 먹었다. 큰길로 나와 카페를 찾아 들어갔다. 우리의 값진 우정을 고마워하며 마음같이 따뜻한 커피로 피곤을 풀었다. 입이 아프도록 얘기하고 발바닥이 욱신거려도 마음은 한없이 흐뭇하고 행복했다.

놋대접의 검은 물

 쓸쓸함과 설렘을 가져오는 가을에 푹 빠져 커피를 마신다. 집안을 가득 메운 감미로운 바이올린의 음률 속에서 마시는 커피는 맛도 향기도 일품이다. 물끄러미 커피잔을 바라보며 느닷없이 차를 생각하게 된다. 커피, 홍차가 서양차라고 하면 한국을 대표하는 홍삼, 인삼차, 녹차도 있다. 우리나라 사람들은 인삼차나 녹차를 즐겨 마시며 애착을 가지지만 나는 대체로 커피를 많이 마시는 편이다.
 내가 처음 커피를 접해 본 것은 중학교 일 학년 시험 기간이었다. 학기말 시험이 가까워져 오자 몇 집 건너 사는 미순이가 시험공부를 자기네 집에서 하잔다. 팔 남매의 우리 집에 비해 미순이네는 언니와 둘뿐인 조용한 집이었다. 우리 아버지께 머리를 조아린 결과 토요일 하룻밤을 허락받았다. 벼슬이라도 한 것처럼 기뻐하며 이번 시험에서는 열심히 공부하여 성적을 올리자고 둘이서 굳게 약속을 했다.

미국 사람이 먹는 까만 가루가 있는데 그 가루를 물에 타 먹으면 잠이 오지 않는다는 미순의 얘기였다. 오늘 밤 그걸 먹고 밤을 새워 공부하자는 미순의 제안에 우리는 의기투합하여 한껏 부푼 마음으로 시장으로 달려갔다. 커피라는 단어를 알았는지 글을 읽었는지는 기억이 나지 않는다. 다만 북청색 겉봉으로 밀봉되어 있는 직사각형 커피 한 봉을 구입하여 신나게 집으로 돌아왔다. 궁금증과 호기심으로 저녁을 먹는 둥 마는 둥 책가방을 들고 잽싸게 미순이 집으로 향했다.

놋대접에 수돗물을 한가득 담아 봉지를 뜯으니 가루가 아닌 약간 응고된 까만 덩어리였다. 물에 넣어도 쉽게 녹지도 않으며 물 따로 덩어리는 그대로였다. 신기하기도 하고 흥분된 마음으로 놋숟가락으로 저었다. 초조한 마음과는 달리 녹는 속도는 느렸다. 급한 나머지 다 녹기도 전에 검은 물을 마셔 보니 쓰기만 했다. 원래 이 가루는 검고 쓰다고 하더라는 그의 말에 얼굴을 찡그리며 번갈아 가며 마셨다. 대접 가득 찬 새까만 쓴 물은 아무리 참고 마셔도 좀처럼 줄지를 않아 끝내 다 마시지 못했다. 얼마 남지 않은 검은 물 대접은 그대로 옆에 두고 책을 들었으나 들뜬 마음으로 공부는커녕 잠만 잘 잤다.

아침에 일어나 멍한 눈을 비비며 정신을 차려보니 머리맡에 마시다 남은 검은 물 대접이 눈이 띄었다. 너무 억울한 생각에 둘이서 숟가락으로 휘휘 저어 한 숟갈씩 떠먹어도 역시 쓰디쓴 물이었다. 그 덩어리가 커피라는 것과 가루가 습기로 인해 응고된 것도 언제였는지는 모르겠으나 훨씬 후에 알았다.

정식으로 커피를 마셔보기는 대학을 다니면서 가끔씩 다방 출입을 하면서였다. 우리 집에서 커피를 사용하기도 그즈음이었으며 손님 접대용으로 준비되어 있었다. 집에 있으면서 수시로 마시지 않았으며 보관 방법을 잘 몰라 병 안에서 굳어지는 것도 다반사였다.

결혼하기 전 다른 동네로 이사 간 미순이가 놀러 왔다. 커피를 마시려고 준비하다 장난기가 발동하여 대접에 커피를 타 먹어 보자고 했다. 박장대소하며 연탄불에 바쁘게 물을 끓였다. 그때는 부엌살림이 놋그릇에서 스테인리스로 바뀌었다. 물을 끓여 스텐 대접에 가득 커피를 타서 프림, 설탕을 듬뿍 넣어 번갈아 마시려니 그릇이 뜨거워 마실 수가 없었다. 마주 앉아 스텐 밥숟가락으로 뜨거운 커피를 떠먹으며 웃고 또 웃었다. 놋대접에 찬 수돗물로 덩어리 커피를 놋숟가락으로 저었던 검은 물 얘기는 두고두고 추억의 웃음거리였다.

결혼하여서는 손님 접대용으로 커피가 준비되어 있었으며 요즘처럼 매일 차로는 마시지 않았다. 불혹의 나이를 지난 사십대에 대단지 아파트가 조성되어 주택에 살고 있던 친구들이 하나둘 이사를 하여 한 아파트 단지에 모여 살게 되었다. 남편 출근과 아이들을 학교에 보낸 후 한가한 시간에 이집저집 모여 커피를 마시며 수다꽃을 피웠다.

커피 타임을 웃음과 즐거움으로 보내다 무언지 허전한 생각이 들었다. 모두들 생산적 시간을 갖자는 의견이 좁혀지면서 일단 영어회화 시간을 가져 보기로 했다. 강사를 초빙하여 장소는 집으로 돌아가며 영어회화 공부가 시작되었다. 거의 일 년 계속되면서 숙제에 시험도 치르고 나름대로 열심히 공부했다. 수업 후 젊은 남자 강사와 함께한 커피 타임은 더없이 즐거웠다.

수업이 없는 날에도 여전히 커피 타임은 계속되었다. 그렇지만 그때는 커피 맛을 알면서 마신 것이 아니다. 그저 음료수 정도였으며 어떤 친구는 설탕을 많이 넣어 단맛으로 몇몇 친구는 프림을 잔뜩 넣어 우유 맛으로 마시곤 했다. 진정한 커피 맛과 향기를 알기까지는 오랜 시간이 흐른 후였다.

우리는 가끔씩 시향 지휘자를 모시고 음악 감상회도 열었으며, 부부동반으로 음악회도 다니며 즐거운 시간을 보냈다. 만남의 기회를 준다는 명목으로 방학이 되면 아이들과 같이 호텔 레스토랑에서 격조 높은 식사 시간을 가졌고 가족 동반으로 함께 여행을 떠나기도 했다. 여행에 반드시 필요한 준비물은 커피였으며 그렇게 즐거운 기쁨을 누릴 수 있었던 것도 주부들 커피 타임의 한가로운 수다 덕분이었다.

커피 문화도 많은 발전과 동시에 변화를 일으켰다. 커피 자판기가 설치되어 어딜 가나 쉽게 커피를 마실 수 있게 되었다. 그런가 하면 캔으로도 출시되어 원두커피에 냉커피까지 종류가 다양해졌으며 취향대로 마실 수 있다. 자판기가 없는 곳에서는 잘 배합된 혼합 커피가 있어 뜨거운 물과 종이컵만 있으면 번거롭지 않게 간단하게 커피를 마실 수 있게도 되었다. 이런 경로로 우리 생활에 커피는 필수적인 음료로 자리매김했다.

커피는 우리의 한국적인 생각과 생활에서 서양의 생활과 문화를 받아늘이는데 한몫을 한 것 같다. 물론 교육이 가장 크고 사회 환경과 경제적인 여건뿐만 아니라 시대의 흐름도 있었겠지만 주부들의 의식 변화에는 커피의 몫도 컸던 것 같다.

나는 애국적이고 건강 차원에서 홍삼차와 녹차로 바꾸어 보려고 가끔 노력을 했으나 번번이 실패했다. 홍삼차는 그런대로 좋은데 녹차는 맛도 맛이려니와 내 몸에서 거부 반응을 일으켰다. 녹차를 조금 과하게 마시면 속이 후들후들하는 느낌이 오고 흥분이 되기도 하는 것 같았다.

식품 영양학 교수님의 강의에 커피의 카페인과 녹차 카페인의 성분이 다르다고 한다. 그에 따라 사람에게 받아들이는 카페인 성분도 각자 체질에 따라 다르게 나타난다고 한다. 녹차의 카페인이 잘 흡수되는 인체는 녹차가 좋고 커피가 좋은 사람도 있다니 놀라움과 동시에 나의 체질도 알게 되었다.

차가운 수돗물로 응어리 된 커피를 놋대접에 녹여 마셨던 한 소녀가 60년이 지난 지금 추억에 잠겨 원두커피를 마시며 웃음 짓는다.

무엇으로 그리워할까

　나는 지금도 어머니를 생각하면 온몸에 전율이 오며 가슴이 아린다. 그런 아련함이 밀려온 뒤에는 우리 아이들이 나를 생각하면 어떤 마음일까를 가끔 생각하게 된다. 나의 부족함이 떠올라 은근히 걱정이 되며 때로는 미안하기도 하다. 마음 같아서는 지금이라도 추억을 만들어주고 싶지만 그리움은 인위적으로 만들어지는 것이 아니다. 그들에게 심어 줄 그 무엇이 내게 있는지 허전한 마음은 어쩔 수 없다.
　새벽 기도를 다니는 것이 나에게는 일종의 습관성인지도 모른다. 항상 많은 기도를 드리는 것은 아니다. 요즘은 힘에 부쳐 간단하게 기도드리고 묵상으로 대신하는 때도 있다. 그럼에도 가족들은 언제나 많은 기도를 드리는 것으로 여긴다. 집안의 여러 가지 일들을 나의 기도에 잣대를 맞추니 마음이 무거울 때가 한두 번이 아니다.

몇 년 전의 일이다. 작은사위가 대학 병원에 남느냐, 개업을 하느냐의 귀로에서 기도 부탁이 왔다. 내가 무슨 기도를 한다고 가슴이 두근거리며 두려움이 앞섰다. 회사원인 큰사위가 작년에 승진하여 고맙고 기쁘다는 축하 메시지를 보냈다. 어머니의 꾸준한 기도 덕분이라며 감사하다는 사위의 답신에 겁이 덜컥 났다.

지난번에는 큰 외손자가 재수 끝에 대학에 들어갔다. 휴대폰에 난데없이 '합격 할머니 기도 덕분 땡큐'라고 문자를 보내왔다. '축하 실력으로 합격 내 손자 파이팅' 하고 나도 문자를 날렸다. 그뿐만이 아니다. 대학생활 일 년 후 군 입대로 논산 훈련소에서 훈련 받는 중 편지가 왔다. 바쁜 훈련 중에 편지를 보낸 것에 감격하여 감사하는 마음으로 겉봉을 열었다.

존경하는 할머니께라는 제목에 콧날이 찡해 왔다. 제법 긴 글이 나를 감동시켰다. 더욱 놀라운 것은 할머니는 우리 집안의 기도의 사신이라며 내가 지금 이렇게 잘 자란 것은 할머니의 기도 덕분 같다고 했다. 할머니는 항상 웃는 얼굴로 우리 얘기를 잘 들어 주신다. 그러면서도 할머니의 생각은 전혀 얘기하지 않아 부담감이 없다고 한다. 할머니의 생각은 어떠하며 무슨 생각을 하는지 할머니의 생각도 알았으면 좋겠다고 덧붙였다.

할머니 집이라고 오면 넓은 뜰과 채전 밭에 작은 꽃밭이라도 있으면 좋으련만 메마른 아파트라 그들은 어디에서 너그러움과 따뜻함을 얻을 수 있을까 걱정이 된다. 때로는 지금까지 잊지 못하는 내 할머니 집을 생각하며 시골 계시는 분들을 부러워하기도 했다. 손자들이 강박관념을 갖지 않도록 그들의 얘기만 듣고 나의 생각은 될 수 있으면 표시하지 않고 칭찬과 격려로 마무리 짓는다. 청년기에 접어드는 손자에게 이런 얘기를 들으니 뿌듯하기도 하다.

작은딸 손녀가 올봄에 대학에 입학하여 대학생활을 하면서 간단한 메일을 보냈다. 새롭기도 한 대학생활이 무척 재미있다고 하면서 집을 떠나 기숙사에 입사하여 건강하게 잘 지낸다고 한다. 이 모든 것이 할머니의 기도 덕분 같다면서 감사하단다. 인사치레겠지만 가슴이 설렌다. 모두들 기도 얘기를 하여 칭송을 듣는 나로서는 괜히 걱정이 앞선다. 풍족하고 흡족한 기도가 되지 못하건만 좋은 일이 있으면 내 기도 덕분이라니 책임감이 더욱 느껴진다.

어느 목사님이 기도도 노동이라고 하셨듯이 기도도 체력전이라는 것을 요즘 느낀다. 언제부터인지 긴 시간 열정적인 기도를 드릴 수 없어졌다. 얼마간 기도드리다 보면 몸을 지탱할 수 없어 엎드려 넘어진다. 그런 나의 기도에 모두가 너무 기대를 하니 마음이 무겁다 못해 중압감이 들기도 한다. 지금부터라도 믿음과 사랑이 듬뿍 담긴 깊은 기도를 하는 엄마, 할머니로 남고 싶은데 겉치레가 되지는 않을지 두렵기도 하다.

나는 어머니의 사랑과 추억은 내 마음속 깊이 차곡차곡 쌓여 있어 두고두고 생각하며 그리워한다. 그러면서 은근히 걱정이 앞서기도 한다. 우리 아이들은 엄마가 보고 싶을 때 무엇을 애틋하게 그리워할까.

나는 따뜻하거나 너그러운 성품을 지니지 못했다. 급하고 직선적인 성격으로 남편보다 더 거칠 때도 있었다. 정서적으로 온화한 부드러움이 있거나 자상하지를 못해 안아주며 위로하는 사랑을 베풀 줄 모른다. 그들의 마음에 새겨 둘만 한 따뜻하고 포근한 사랑이 없을 것이다.

만들기, 그리기, 꾸미기에도 전무 상태다. 내 어머니처럼 엄마표 특별 음식이 있을 수 없다. 그런 상황에 나는 무엇을 남길 것이며 우리 아이들은 무엇으로 엄마를 그리워할까를 생각하면 더더욱 걱정이 앞선다. 내가 할 수 있는 음식을 적어 보니 우선 복어국이 있다. 대구탕도 있다. 이것은 거의 어머니 맛에 근접해 있다. 그러나 아이들은 그 진맛을 아직 모른다. 밑반찬이나 김치같이 숨은 솜씨는 전혀 거리가 멀다.

한번은 가족이 모여 식사를 하던 중 큰애가 갈비찜은 엄마가 한 것보다 맛있는 찜을 먹어 보지 못했다고 중얼거렸다. 귀가 쫑긋해지며 눈이 번쩍 뜨였다. 진실인지 겉치레 인사인지 가릴 필요도 없다. 나는 갈비찜으로 승부를 보겠다고 그 자리에서 마음먹었다. 이번 명절에 갈비에 열과 성의를 쏟아 붓겠다고 단단히 다짐했다.

낙엽이 떨어지며 가을이 가고 겨울이 접어들었다. 설날이 오기 전 예행연습으로 수입 갈비를 사다 찜을 만들었다. 양념을 하면서 학교 실습 시간처럼 양념 하나하나에 신경을 썼다. 개량 컵으로 양을 재듯 모든 양념을 일일이 조절해 가면서 만들었다. 만들기가 끝난 후 맛을 보려니 손까지 떨리는 듯했다.

내가 바랐던 맛이 나왔다. 며느리에게 우리 집에서 저녁을 먹자고 전화를 넣었다. 아들이 난데없이 웬 갈비찜이냐며 맛있게 먹었다. 갈비찜 만들기는 일단 성공, 설날에 갈비찜에 본격 승부를 걸기로 마음속으로 단단히 결심했다.

신년 새해가 지나고 설날이 가까워졌다. 명절 장을 보면서 비싼 한우 갈비를 듬뿍 샀다. 갈비량이 너무 많아 간을 맞추기가 힘들었지만 국산 은행, 밤, 지리산 벌꿀까지 흠뻑 들이부어 제맛이 나기를 바랐다. 연신 간을 보면서 며느리에게도 먹여 보며 기도하는 마음으로 정성을 쏟았다.

설날 오후 가족들이 모여 예배를 드리고 부산하게 세배를 마친 후 저녁을 차렸다. 갈비찜을 융숭하게 올려놓았다. 놀라운 품평이 나오기를 은근히 기다렸으나 묵묵부답이다.

할 수 없이 내가 만든 갈비를 한입 먹어보니 조금 싱겁긴 하지만 그런대로 먹을 만했다. 무어라 수군거리더니 작은딸이 일어나 갈비솥에 불을 켜고는 간장을 붓고 설탕을 꽤 쳤다. 까닭도 없이 힘이 빠진다. 딸이 다시 간을 맞춘 갈비를 먹으니 그제야 제대로 된 갈비찜이 되었다. 그놈의 간이 문제구나 싶었다. 딸이 양념을 맞춘 갈비찜을 그릇마다 수북이 담아 먹음직하게 상 위에 올렸다. 어쩔 수 없이 갈비찜은 포기할 수밖에 없다. 대신에 조금은 효력이 있는 기도가 있지 않은가. 그것만으로도 후일 아이들이 그리워해 주기를 기대해 본다.

2 물처럼 살고 싶다

빛 잃은 반딧불이

　여름밤이면 깜깜한 앞마당에 많은 반딧불이가 날아다니는 것을 보며 자랐다. 조그만 벌레가 꼬리에 파란불을 뿜으며 공중을 날아다니는 것이 신기하여 따라다니며 놀았다. 전깃불이 없었던 옛날에는 선비들이 반딧불이로 글을 읽었다는 어른들의 말씀에 놀라곤 했다. 신비스럽기까지 하던 그 파란빛이 언제부터였는지 볼 수 없었다.
　지난여름 산책에서 놀랄만한 일이 일어났다. 유난히 무더웠던 어느 날 저녁 서늘한 바람으로 땀을 식혀가며 이기대 올레길을 가볍게 걸었다. 숲이 가장 많이 우거진 골짜기에 들어서는데 난데없이 반딧불이 날아들었다. "어 반딧불" 사람 소리에 놀랐는지 파란 불빛을 발하며 산속으로 날쌔게 날아가 버렸다. 얼마 지나지 않아 날아간 숲 속에서 다시 나타났다. 넓은 허공에 파란 곡선을 그으며 마음껏 날아다닌다. 너무 빠른 비행에 파란빛만 보인다. 그것도 잠깐, 숲 속으로 날아가더니 좀처럼 나타나지 않는다. 뜻하지 않은 반딧불이로 가슴이 뿌듯해 오면서 반딧불을 뒤로하는 발길이 쉽게 떨어지지 않았다.

반딧불은 오염이 없는 청정지역에서만 서식한다고 한다. 우리나라에도 산업의 발달로 오염이 심해 도시에서 반딧불이가 마음껏 날아다닐 수 있는 맑고 깨끗한 곳을 찾기란 어렵다. 이기대 공원에는 반딧불이의 서식지라는 푯말이 있다. 혹시나 하고 반딧불 보기를 기대했으나 여러 해 동안 한 번도 보지 못했다. 요즈음 우리나라에서 환경 정화에 많은 노력을 기울인다. 그 일환으로 이기대 공원이 몰라보게 깨끗해졌다. 어떻게 알았는지 고맙게도 반딧불이가 제일 먼저 찾아와 주었다.

땅거미가 지면서 서쪽 하늘이 붉게 물들어 간다. 혹시나 하고 오늘도 반딧불이 나타난 숲을 향해 급하게 걸었다. "반딧불이다." 파란 불을 뿜으며 곡예를 하는 빛을 따라 내 눈은 바쁘게 움직이다 보면 어느새 사라졌다 "윙" 소리와 함께 다시 날아와 나를 반긴다. 몇 차례 공중 비행을 하더니 숲으로 날아가 영 돌아오지 않는다. 반딧불과 놀다 돌아오는 산책길은 설레는 마음으로 피곤함도 잊게 해 준다. 그로부터 일주일 동안 반딧불이 서너 마리가 밤하늘을 날며 반갑게 맞아 주어 같이 놀면서 기쁨을 나눴다.

그러던 어느 날 갑자기 여섯 마리가 눈앞에 나타나 보란 듯이 날아다닌다. 잔치를 하는지 찬란한 빛으로 숲 속의 여름밤을 누비며 노는 모습은 장관이었다. 텅 빈 밤하늘에 선명하고 강렬한 빛으로 자태를 뽐내며 마음껏 날아다닌다. 지상의 별같이 영롱한 푸른빛이 신비롭기까지 하다. 오래도록 춤과 노래로 즐거운 시간을 보내다 잔치가 끝났는지 반딧불은 집으로 돌아갔다. 하늘을 날며 함께 즐겼던 내 마음은 어둠에 싸인 텅 빈 허공에서 오는 허전함과 흐뭇하고 벅찬 기쁨으로 숨을 몰아쉬었다. 더 놀고 싶은 아쉬움을 뒤로하고 집으로 향해 발걸음을 옮겼다.

반딧불과 놀던 들뜬 마음을 안고 산책길 끝자락 모퉁이를 돌아서는데 반딧불이 한 마리가 엉뚱한 곳에서 빛을 발하고 있다. 외딴곳에서 날지도 않고 고정되어 있어 가까이 가 보았다. 허공에 뜬 채로 파란빛을 발하면서 날지는 않는다.

주위는 어둡고 낭떠러지라 가까이 갈 수 없으며 손이 닿지 않아 팔을 휘휘 저어도 요동치 않는다. 이런저런 궁리를 하고 있던 중 낚시꾼 아저씨가 다가왔다. 반딧불을 가리키며 손전등을 빌려 비춰보니 거미줄에 걸려 있었다. 너무 안타까워 긴 낚싯대로 휘저으며 가까스로 꺼냈다. 거미줄을 벗기고 입으로 후 불어 날도록 했으나 날지는 못했다.

어쩌다 이 지경이 되었는지 가족을 떠나 외딴 곳에서 거미줄에 걸려 죽음을 맞게 되었다. 가족에게 데려가려니 그들은 이미 떠났고 너무 늦은 시간이었다. 다시 한 번 닦아 주고 힘껏 불어 봐도 날기는커녕 꼼지락거림도 없다. 네 엄마가 찾고 있을 테니 여기까지 오지 않을까 하며 반딧불을 손가락에 얹어 치켜들고 한동안 서 있었다.

반딧불이의 강렬한 빛에 비해 손가락에 따뜻함이 전혀 없다. 오로지 빛을 만드는 것에 온 힘을 쏟아 열을 만들기는 벅찬 모양이다. 주위는 반딧불이 아니면 볼 수 없게 어두워졌다. 집에 가서 물로 씻어 볼까 하고 넓은 나뭇잎을 한 잎 따 얹고는 급하게 집으로 돌아왔다.

집에 도착하자 급히 물에 씻어 닦아도 꿈쩍을 않는다. 너무 안타까워 물 위에 거꾸로 둥둥 띄웠다 끄집어내어 돋보기를 쓰고 밝은 불빛 아래서 거미줄을 벗기려고 애를 써 보았다. 거미줄이 얼마나 엉켰는지 요지부동이다. 날지는 못하면서 완고하게 빛은 잃지 않고 있다. 어쩔 수 없이 베란다 화분 나뭇잎에 앉혀 놓고는 가만히 지켜보고 있을 수밖에 없었다. 오래도록 웅크리고 앉아 반딧불이만 응시하고 있었다.

이제는 나는 것은 포기하고 힘차게 뻗어 나오는 강한 빛이 언제 끊어질까를 기다리고 있었다. 강렬한 저 빛을 언제 거둬들일지, 따뜻한 열은 전혀 만들지 못하는지. 반딧불은 지금 살아 있는지, 강렬함이 전혀 변하지 않고 내뿜는 저 빛이 점점 엷어지면서 숨을 거두는지, 아니면 생명과 함께 단번에 꺼져 버리는지, 온갖 생각 속에서 꿈틀거리지도 않는 반딧불만 바라보고 있다.

요동도 온기도 없이 빛만 발산하고 있으니 얼마나 힘이 들까. 나는 빛을 잃어가는 모습을 보고 싶었다. 지금 반딧불은 서서히 죽어 가면서도 혼신의 힘을 다해 빛을 뿜으리라. 빛은 절대 꺼지지 않을 듯 강하게 빛나고 있다. 저 조그만 몸에서 빛을 잃지 않으려고 피를 말리는 전투를 하고 있지나 않은지 애처롭고 안타깝다. 오히려 빛을 거둬들이고 편안히 숨을 거두었으면 하는 생각이 들기도 한다.

 다음 날 새벽 절대 놓지 않을 것 같던 선명한 광채도 사라지고 반딧불은 그 자리에 죽어 있었다. 한숨이 나왔다. 눈여겨 살펴보니 반딧불이의 크기는 밥알보다 조금 길며 등은 새우같이 단단한 각질로 되어 있었다. 신비스런 파란빛은 꼬리에서 나오는 것이 아니라 나름의 관찰로는 입에서 뿜어 나오는 것 같았다. 숨이 끊어질 때까지 완강하게 뿜어내었나 보다.

 학명으로는 딱정벌레이고 개똥벌레라고도 부르는 조그만 벌레가 숨을 거두기까지 영롱한 푸른빛을 거두지 않았다. 신비스러운 빛을 뿜어내는 그 힘은 어디에서 나올까. 죽어 가면서도 결코 놓지 않던 불멸의 빛, 죽은 후에야 겨우 거둬들이는 빛의 물체는 반딧불에게 어떤 존재인지. 빛을 잃지 않으려는 그의 비장한 죽음은 전장의 장군보다 더 처절하고 성결한 힘을 가지고 있는 듯하다. 작은 벌레라고 예사롭게 생각했던 내가 참담할 지경이다. 빛을 잃은 반딧불은 허물이 아닌 메마른 딱딱한 각질 그대로 장식대 위에 놓여 있다.

감 하나

 오늘도 감 하나가 그대로 매달려 있다.
 우리 아파트 공원에는 감나무가 여기저기 심어져 있다. 내가 살고 있는 현관문 앞뜰에도 세 그루의 감나무가 있다. 봄에 감꽃이 필 때 눈여겨보았지만 하얀 감꽃이 별로 눈에 띄지 않았다. 크게 관심을 두지 않았는데 무더운 여름날 밤톨만 한 감들이 주렁주렁 달려 있었다. 두근거리는 가슴을 억누르며 나무 아래서 열린 푸른 감을 올려다보았다. 하나 둘 세어 보며 감이 잘 영근 가을을 기대했다.
 나는 어릴 때부터 감을 좋아했다. 나뭇가지에 빨갛게 달려 있는 모습이 다른 과일에 비해 입맛을 돋우었다. 나뭇잎은 두껍고 반질

반질 윤이 많아 소꿉장난 찬거리에 참 좋았다. 그런 내가 도시 아파트 단지로 이사를 와서 감나무를 보고는 너무 기뻤다. 정원사 아저씨께 고마움을 느끼며 공원 구석구석을 누비며 심어진 감나무를 일일이 세어 보기도 했다. 어느 나무가 튼튼한가를 눈여겨보았더니 우리 현관 앞 세 그루가 가장 부실하게 보였다.

여름이 되니 그래도 감이 열렸다. 영양 부족과 응달진 곳을 이겨 내고 셀 수 없이 날렸다. 나무가 부실하여 태반이 널어져도 남는 것이 있을 것 같았다. 초가을이 접어들어 눈대중으로 헤아려 보니 스무 개 정도는 될 것 같았다. 감의 종자는 홍시도 대봉감도 아닌, 아이들 주먹만 한 감이었다. 모양새가 어떻든 먹을 것은 아니니 빨갛게 익기만을 기다렸다.

어둠이 깔리는 어느 날 저녁 공원을 산책하는데 두 아주머니가 나무 밑에서 무엇을 따는 것 같았다. 지나다 살펴보니 감을 가지 채 꺾고 있었다. 왜 이러느냐고 닦달하니 먹을 수 없는 감이라 꺾었단다. 설마 감을 먹으려고 심었겠느냐 보려고 심었지 하였더니 멀거니 바라보다 달아나듯 가 버렸다. 꺾어진 나뭇가지의 흰 살이 드러나 마음이 더욱 아파왔다.

여름이 지나면서 감이 하나둘씩 떨어졌다. 가을이 되어 세 그루에 열두 개의 감이 탐스럽게 익어 가고 있었다. 바람 불까 비 올까 노심초사하고 있던 중 어느 날 갑자기 감이 하나도 보이지 않았다. 너무 놀라 경비 아저씨께 물었더니 할머니 몇 분이 따서 가져갔다고 한다. 누구냐고 물었더니 모르는 할머니란다. 숨이 가빠오며 눈물이 날 것 같았다. 젊은이 늙은이들이 푸른 감 붉은 감을 가리지도 않고 따 버리는 연유를 알 도리가 없었다. 과실수이지만 관상용인데 억울하고 애석했다.

이듬해 봄이 다시 찾아왔다. 감꽃이 피기를 기다렸으나 요지부동이었다. 해거리를 하려나, 못내 아쉬워하며 봄이 지나고 여름이 오면서 요행히 감이 열렸다. 나뭇잎 속에 가려져 있는 풋감을 찾아보며 알이 굵어지기를 기다렸다. 개수는 많지 않지만 제법 자라서 충실해 보였다. 푸른 감이 조금씩 커 가는 게 재미있어 경비 아저씨께 올해는 잘 지켜달라고 일러두었다. 먹을 수 있는 감이 아니라는 것을 강조하라고 몇 번이나 다짐했다.

가을로 접어들면서 감이 예쁘게 익어갔다. 한 그루에는 붉은 감 다섯 개 달려 있으나 다른 한 그루에는 달랑 두 개였다. 나머지 한 그루에는 하나도 달려있지 않았다. 작년에 비해 섭섭하지만 그나마 감지덕지다. 외출할 때 손을 흔들며 "다녀올게." 하는 눈인사에 감들은 기다렸다는 듯이 돌아오는 나를 즐겁게 반긴다. 제발 떨어지지 말고 곱게 익어 달라고 미소로 답하는 나날이 이어졌다.

어느 날 제법 익었다 했더니 네 개만 달려 있다. 주위를 둘러보아도 나무 밑에는 떨어진 감의 흔적이 없었다. 세 개가 하루 사이에 흔적도 없이 사라진 것을 애꿎게 경비실의 탓인가 했으나 어쩔 수 없다. 다음 날 또 하나가 없어졌다. 가슴이 철렁 내려앉았다. 설마 작년 할머니들의 손은 아니겠지 하면서 두리번거려도 매번 떨어진 홍시 자국이 없다. 경비 아저씨께 물어보고 싶었지만 체념의 마음을 누를수록 대롱대롱 매달려 있는 세 개가 안쓰럽기까지 했다.

감에게 어떤 변이 일어날까 마음 조아리며 사흘 간 여행을 다녀왔다. 구경을 다니면서도 온통 감 생각으로 안절부절이었다. 뛰다시피 아파트로 돌아와 감을 살피니 감 한 개가 반쯤 잘려나가 있었다. 말만 듣던 까치밥이 되었나 싶어 마음이 들떴다. 감 주위를 맴돌며 하필 왜 저 감이, 제일 맛있게 익었나, 나뭇가지가 튼튼해 앉아서 쪼아 먹기가 편했나, 먹는 시간은 아침일까 저녁일까, 생각이 이어질수록 흥겨워졌다. 새빨간 감 하나만 나무꼭지에 달려있던 할머니 집 감나무가 생각났다.

그러던 어느 날 까치밥과 잘 익은 홍시 하나가 없어지고 한 개만 달랑 매달려 있다. 깜짝 놀라 주위를 둘러보아도 흔적이 보이지 않는다. 땅 위에 홍시가 터져있어야 하는데, 섭섭하지만 그래도 아직은 감 하나가 보란 듯이 나무에 완강하게 달려 있다.

감 하나가 대롱대롱 달려 있다. 오 헨리의 '마지막 잎새'가 생각났다. 병든 소녀가 병실 창밖 비바람에 한 잎 두 잎 떨어지는 나뭇잎을 바라보며 남은 생명의 날을 셈한다. 노 화가가 혹한을 무릅쓰고 그린 나뭇잎 하나로 소녀는 되살아났다.

겨울이 접어들면서 마지막 감 하나가 나를 안아 준다. 나뭇잎 하나가 소녀의 생명을 살렸듯이 감 하나가 나 자신을 소중하게 만들어 준다. 나도 누구에겐가 나눔을 베풀어 위로가 되어 삶의 의미를 부여해 주고 싶다. 다가오는 겨울이 따스한 나날이 될 것 같다.

물처럼 살고 싶다

    구름 한 점 없는 가을 하늘 아래 오륜대 호수가 유달리 맑은 것 같다. 호수를 끼고 있는 호젓한 좁은 길을 걸으며 우거진 숲과 파란 호수가 발걸음을 멈추게 한다. 젖어드는 한가로움에 마음의 평안을 마음껏 누리고 싶다.
    삼나무 숲 속 벤치에 걸터앉았다. 눈앞에 펼쳐진 호수는 시계가 멈춰진 것같이 조용하다. 바다를 옆에 끼고 사는 나에게 호수는 사뭇 다르게 와 닿는다. 바다는 지평선이 보이며 출렁거리는 물결과 파도 소리에 맞춰 넓은 마음을 품어 주는데 호수는 사방이 산으로 둘러졌으며 정지된 듯 정적과 침묵으로 마음을 너그럽게 안정시켜 주는 것 같다.

　호수가 많은 나라 핀란드에 갔을 때의 일이 떠오른다. 러시아 상트페테르부르크에서 기차를 타고 한참 가다 보니 차내 방송이 나왔다. 기차는 정지되었고 방송은 알아듣지 못하였으나 국경선을 넘어 핀란드에 왔다는 방송이었다. 역무원인지 경찰인지 정복 차림을 한 헌칠한 키에 잘생긴 중년 남자가 웃음을 머금고 들어서더니 내부를 살피듯 서서히 지나갔다.

　달리는 기차 속에서 멀리 지평선이 보이는 넓은 들과 한가롭게 보이기까지 한 평화스러운 조그만 마을을 스쳐 지나다 보니 호수가 더 많이 눈에 띈다. 손길이 닿지 않은 자연 그대로의 풍경에 놀라웠다. 집 한 채 보이지 않아 전혀 사람이 살지 않을 것 같은 허허들판에 조그만 간이역이 있나 싶더니 달리던 기차가 멈춰 섰다. 원피스를 입고 하이힐을 신은 젊은 여자가 어린아이를 데리고 기차에서 내렸다. 나른하게 햇볕이 내리쪼이는 들판의 플랫폼에 손잡고 타박타박 걸어가는 긴 노랑머리를 묶은 서양 엄마와 어린 사내아이가 한 폭의 그림인 양 신기하게 보였다.

　늦은 저녁 호텔에 도착하여 방을 배정받았다. 내일 아침 식사는 호텔 수영장에서 수영을 하고 사우나실에서 땀을 뺀 후 샤워를 하란다. 그런 후 식당에서 아침 식사를 하는 것이 이 나라의 아침 일정표라는 안내자의 말이었다.

　다음 날 새벽 새로운 체험의 기대감을 안고 수영장으로 향했다. 수영장에는 미국인 노부부가 수영복 차림으로 수영을 하고 있었다.

작지도 크지도 않은 수영장 물이 어찌나 깨끗한지 몸을 담그기가 아까울 정도였다. 몇 번 허우적거리다 사우나실로 향했다. 호기심 가득 찬 눈으로 문을 살짝 열었다. 협소한 공간에 순수한 나무로 둘러져 있는 벽 모서리에 숯불이 푸르스름한 빛을 발하며 이글거리고 있었다.

내부 구조는 우리나라의 사우나실과 비슷했으나 건조하고 상큼한 공기에 새 집같이 깨끗함에 놀라웠다. 일본인 젊은 여자 세 명이 이미 자리 잡고 있었다. 일본 여인들의 수다에 놀라 우리는 나무 의자에 걸터앉아 멍하니 바라볼 뿐이었다. 약간의 땀을 뺀 후 샤워실에서 마무리하고는 식당에서 아침을 먹었다. 어디에서나 깨끗하고 조용한 물의 나라에서의 특별한 체험이었다.

관광이 시작되자 연일 놀라움과 부러움 뿐이었다. 남한의 3배가 넘는 영토인데 비해 인구는 부산 인구보다 조금 많은 500만 정도라니 어디를 다녀도 인적이 없으며 조용하고 한적하기까지 하며 깨끗했다. 이 나라에는 200명에 하나꼴로 호수가 있다니 부럽다 못해 이상한 나라의 앨리스 같은 핀란드라는 생각이 들었다.

세계에서 정치를 가장 깨끗하게 하는 나라가 핀란드라는 기사를 보고는 그저 그런가 보다 여겼는데 직접 와서 보니 공감이 가는 것 같다. 어디를 가도 맑은 호수가 있으니 어찌 정치인들 호수를 닮지 않을까 싶다. 다듬지 않은 숲과 호수를 자연 그대로 보존하면서 생활마저 느림과 너그러움으로 살아가는 나라다.

인간은 자기만의 인성을 가지고 태어난다고 한다. 본성, 성품이라고도 하며 살아가면서 사회 환경과 교육, 종교로 인해 다소 변화는 있으나 근본적인 본성은 좀처럼 변하지 않는단다. 물에도 물의 본질이 있다. 정지된 듯 잔잔한 호수의 물은 조용히 머물러 있으면서 넓은 포용력으로 너그러움이 있다. 움직이는 물은 반드시 아래로 흘러내린다. 위로 치솟는 일은 결코 없으며 낮은 곳으로만 흐르는 물은 겸손의 상징인 것 같다. 희생의 미덕이기도 한 더러운 때를 씻어주는 깨끗한 물도 있다.

물은 지구에서 없어서는 안 될 물질이다. 사람은 여러 날 금식은 할 수 있지만 물을 마시지 않고는 하루를 견디기도 힘들다. 동물도 마찬가지이며 식물도 동물 못지않게 물을 필요로 하며 자란다. 물이 없는 사막이나 광야 같은 곳에는 나무는 물론 풀 한 포기 자라기 힘들다. 이렇듯 물은 모든 생명의 근원이기도 하다.

요즘은 세계적으로 물의 소중함을 알고 물을 보호하는 캠페인을 벌이기도 한다. 우리나라는 물의 나라 핀란드에 비교할 수 없지만 요행이 물을 부족함 없이 사용한다. 지구 상에 물이 부족한 나라가 많다. 물의 귀중함을 알고 세계적으로 보호 운동을 벌이기도 한다. 나는 직접 피부로 느끼지 못했으나 몽골이나 아프리카를 다니면서 비로소 물의 소중함을 알게 되었다.

나는 평소에 나름대로 물을 아껴 사용했지만 아끼는 마음이 다소 달랐다. 전에는 수도 요금을 줄이겠다는 경제적인 의미였으나 요즘은 차원이 다르다. 크게는 지구를 위해 작게는 나라를 위해 물을 아낀다는 거창한 슬로건을 갖고 물을 아끼고 고마워하며 사용한다.

회동 수원지는 부산 시민의 식수였다. 오랫동안 수원지 주변까지 출입 금지 구역으로 사람의 통행이 불가능했다. 그러다 보니 지금까지 깨끗하게 많은 물이 잘 보존되어 있다. 요즘은 식수뿐 아니라 공업용으로도 사용하지 않고 잉여로 보관하는 저수지 역할을 한다고 한다. 둘레 길도 만들고 마을버스를 운행하여 시민들에게 휴양지로 개방되어 있다.

가만히 눈을 감아 본다. 세상의 모든 움직임이 정지된 듯 귓가에는 공기의 움직임만 느껴진다. 멈추어 버린 것 같은 정적 속에서 마음이 여유로워지는 것 같다. 나를 생각해 본다. 살아왔던 많은 일들이 스쳐 지나간다. 그런대로 잘 산 것 같기도 한데 물처럼 온전하게 살지는 못한 것 같다. 너그러우면서 겸손하고 깨끗한 생명력을 불어 넣어 주는 넉넉한 덕을 갖춘 물처럼 살고 싶다. 호수가 나를 끝없이 맑고 풍요롭게 만들어 준다.

해돋이

    지난 화창한 봄날 떠오르는 해를 보기 위해 이른 새벽 토함산에 올랐다. 주차장에 도착할 즈음 새벽잠을 설쳐가며 서두른 보람도 없이 이미 동해 바다의 주위는 붉그스름하다. 가슴에 품었던 해돋이를 보기 위해 여러 번 토함산에 올랐으나 매번 그날의 장엄한 해를 보지 못했다. 오늘은 무슨 일이 있어도 보겠다고 산 정상을 향했다.
    전망대에서 친구들이 무어라 소리 지르지만 손을 높이 흔들며 혼자 정상을 향해 뛰었다. 어느새 지평선 너머에는 더 넓게 붉은빛이 퍼지면서 해가 오를 준비를 하고 있었다. 두근거리는 가슴을 쓸어

안으며 혹시 놓칠세라 눈을 부릅뜨고 바다를 응시하고 있다.

　벌겋게 퍼졌던 넓은 바다가 사방이 금빛으로 변하면서 서서히 해가 솟아오르기 시작한다. 빨갛게 떠오르던 해는 황금빛 금덩이로 변하면서 주위가 오로라 현상이 일어난다. 눈이 부셔 바로 쳐다볼 수 없는 전경이다. 산 아래 전망대에서 감동의 탄성이 흘러나오고 박수 소리가 귓가에 쟁쟁하다. 금빛 태양의 황홀함이 가슴으로 퍼지며 부풀어 오르는 감동으로 언뜻 바다를 바라보았다. 조용하기 그지없다. 춤추기는커녕 출렁거림도 없는 조용한 바다가 원망스러워 남편이 말했듯이 정말 환상이었을까 실의에 잠기며 기억을 더듬는다.

　초등학교 6학년 수학여행 때의 일이었다. 들뜬 마음으로 첫 수학여행을 떠나 경주에 도착했다. 언덕같이 높이 솟은 왕의 무덤을 보고는 꿈을 꾸는 것만 같고 신기하면서도 두려움으로 벙벙했다. 불국사 여관에 여장을 풀고는 내일은 석굴암을 가는데 토함산 해맞이를 위해 일찍 일어나야 한다고 한다. 아니나 다를까 밤중 같은 새벽에 잠을 깨웠다. 해돋이가 무언지도 모른 채 험하고 깜깜한 높은 산길을 끝없이 걸었다. 힘겹게 정상에 올라와 보니 주위는 벌써 불그스름하다. 선생님이 발갛게 밝아 오는 곳을 가리키며 동해인데 조금 있으면 바다에서 해가 떠오른다고 하였다.

　사방이 환해지면서 하늘과 바다가 붙어 버린 것 같다. 바닷물이 넘실거리며 부글부글 끓어오른다. 출렁거리는 바다 위에는 구름이 덩실덩실 춤을 추며 떠다닌다. 요동치는 바다 위로 아주 커다란 붉은 해가 서서히 떠오르고 있다. 빛을 뿜으며 솟아오르는 해는 거대하고 장관을 이루었다. 용솟음치는 바다를 아무 말도 못하고 바라만 보고 있다. 해가 너무 커서 진짜 해인가 의아해하며 넋을 잃고 있는데 갑자기 선생님이 만세를 불렀다. 우리도 선생님 따라 힘차게 만세 삼창을 하고는 멍청히 바라만 보고 있었다.

　꿈을 꾸는 것 같고 어디 홀린 것 같아 숨조차 제대로 쉴 수 없었다. 기다린 해는 서서히 높이 솟아오르며 구름은 제 자리로 돌아가는 것 같았다. 놀란 가슴은 쉬 가라앉지 않는다. 팔딱거리는 가슴을 안고 석굴암으로 향했다. 휘청거리는 다리가 산길의 돌부리에 헛디딜 것 같아 조심조심 발걸음을 옮겼다.

　흥분이 채 가라앉기도 전에 석굴암을 보고 또 놀랐다. 위엄을 가진 큰 부처님을 보고 놀라 위를 보았더니 아치 모양의 석조 천장은 더 신기했다. 선생님의 설명이 있었으나 내 조그만 머리로는 알 수 없는 석조 천장이었다. 얼떨떨하고 멍청하게 내려오는 길에 만난 스님이 오늘 떠오르는 해는 일 년에 세 번 있을까 하는 장엄한 해돋이라 했다. 오랫동안 그 감동을 가슴에 품고 있으면서 스님의 말은 잊고 토함산에 뜨는 해는 으레 그런가 보다 했다. 가끔씩 한 번 더 보고 싶은 생각이 많았으나 고등학교 수학여행에서는 날씨가 좋지 않아 실패했다.

　이십여 년 전 자녀들이 결혼을 하여 흩어져 살면서 겨울 휴가를 경주에서 보내기로 했다. 나는 집을 떠나면서 남편에게 토함산 해돋이를 하자고 했다. 날씨가 너무 추워 곤란하지 않겠느냐면서 시

큰둥하게 여겼다. 자동차로 산 위를 오를 수 있으니 걱정 없다고 보채며 그날의 광경을 얘기했다. 어려서 환상을 봤거나 꿈으로 치우쳐 버렸다. 환상이란 현실에 없는 것을 있는 것처럼 느끼는 즉 망상이라고도 하며 꿈이란 잠자는 동안에 실지로 보고 느끼듯이 머리에 그려지는 것이라고 한다. 억울하지만 입을 다물어 버렸다.

가족들이 한자리에 모였다. 내일 석굴암 구경은 해돋이를 위해 우리는 새벽에 나가겠으니 너희들은 해가 뜬 후 오르라고 했다. 새벽이 되자 모두들 일어나 저들도 가겠다고 나섰다. 둘째는 젖먹이를 들쳐업은 채였다. 아무도 모르게 밤새 눈이 내렸다.

좀처럼 보기 힘든 새하얀 눈꽃도 해돋이 일념으로 말없이 지나쳤다. 모퉁이마다 눈이 쌓인 고갯길은 아슬아슬하기 짝이 없고 산 위의 샛바람은 차갑다 못해 매서웠다. 토함산 위에는 해돋이 장소도 산 정상이 아닌 주차장에서 볼 수 있게 마련되어 있으며 추위를 막을 수 있도록 따스한 찻집도 열려 있었다.

나는 떠오르는 해를 보겠다고 추위도 아랑곳없이 바다만을 바라보고 있다. 붉은빛이 사방으로 퍼지면서 서서히 해가 떠오른다. 여명을 뚫고 떠오르는 해를 받은 바다는 파도에 따라 반짝거린다. 먼 지평선까지 은빛으로 너울거리는 바다는 아름답기 그지없으나 고요한 바다 위로 조용히 솟아오르는 붉은 해는 내게 무의미했다. 아이들은 수학여행 때 보고 처음이라며 엄마 덕분에 좋은 구경했다고 공치사로 법석이다. 날씨가 너무 추워서인지 눈물이 날 것 같은 허전한 마음을 꾹꾹 눌러 달래며 석굴암으로 발길을 돌렸다.

추억이란 지나간 일들을 돌이켜 생각하는 것이다. 나이를 먹으면 추억으로 산다고들 한다. 사람마다 제각각 잊지 못할 일들을 몇 가지 갖고 있을 것이다. 기쁨과 감격스러웠던 일들과 슬픔을 동반한 일도 있을 것이다. 황혼기에 접어든 나에게도 많은 추억들이 있다. 오래 잊혀지지 않고 마음에 간직한 감동적인 일들을 보고 싶은 충동을 일으키기도 한다.

도함산 해돋이가 그렇다. 어린 나이에 환상을 본 것같이 장관을 이룬 토함산의 해를 잊지 못해 가슴에 품고 살았다. 꿈속에서나 있을 것 같은 그날의 장엄한 해를 꼭 한번 보고 싶었다. 마음을 조아리며 여러 번 토함산에 올랐으나 그날의 해를 보지 못해 아쉽기만 했다. 육십여 년 동안 갈망하며 바라던 마음을 끝내 이루지 못하고 이제는 접기로 했다.

세월이 흐르면 섬세함을 되찾게 된다고 한다더니 어느덧 평범한 것이 더 좋아지는 나이가 되었다. 요즘은 장자산에 떠오르는 해를 보며 감동을 받기도 한다. 나는 오늘 이기대 산마루에서 조용히 솟아오르는 평범한 해를 맞으며 기쁨으로 아침을 연다.

버찌 점심

    동창의 초대로 함안 무능산 매실 농장으로 갔다. 다소 햇살이 뜨거운 6월 중순 한둘 회원들은 일찌감치 출발했다. 이른 장마철이라 많은 비가 내려 비만 그쳐 주었으면 바랐는데 밤새 맑게 개였다. 나풀거리는 나뭇잎들의 반짝임을 보며 가볍게 집을 나섰다.
    남자 동창의 초대라 그런지 출발부터 하늘을 날 것 같은 기분이다. 농장이 가까워지며 구불구불한 농로길에 들어섰다. 농장 주인과 전화로 길을 찾아가는 과정이 숨은그림찾기처럼 재미있고 즐겁다. 길가에 기다리는 동창들을 발견하고 반가움에 차창을 열어 손을 흔들고 소리 지르며 법석을 떨었다. 농장 주인뿐만 아니라 동창

두 명과 함께 우리를 반긴다.

만남의 인사를 나누고는 모두들 차에 올랐다. 차창으로 들어오는 밭의 흙냄새 풀냄새로 엉킨 바람을 맞으며 달리는 시골길은 마음 설레게 만들었다. 얼마쯤 가다 모두들 내리고 타고 온 봉고 자동차로 농장 주인은 농장으로 향했다.

우리는 야트막한 산을 오르기로 하고 산을 향해 걸었다. 울창한 나무들이 터널을 이루어 하늘을 가린 호젓한 숲 속 길에 접어들면서 발걸음은 마음보다 더 가벼웠다. 얼마를 갔을까. 앞서 가던 친구들의 환호 소리가 들렸다. 달려가 보니 검붉은 버찌가 많이도 달려 있었다.

한적한 산길에 우람찬 벚나무가 줄지어 늘어섰으며 나무마다 알차게 달려 있는 버찌가 꿈만 같다. 밤새 비를 맞고 깨끗해진 버찌가 진한 자줏빛을 띠우며 누구의 손도 닿지 않은 채 우리를 기다린 것 같아 고마웠다. 열댓 명의 회원들이 정신없이 나무에 매달렸다.

손에 잡히는 가지를 당겨 버찌 몇 알 따서 입에 넣었다. 달콤하기도 하고 씁쌀한 맛이 입안에 퍼지며 코끝이 찡해졌다. 우물우물 씹어 넘겨보니 달고 쏴한 맛이 온몸에 쫙 퍼지면서 정수리까지 쭈뼛해 온다. 연한 신맛과 과일의 단맛에 싱그러움을 더하여 일품이다. 손놀림이 빨라지면서 마구잡이로 따서 입에 넣었다. 얼마나 싱싱하고 잘 익었던지 부지런히 따서 먹었다. 생각지도 못한 뜻밖의 일이라 모두들 버찌에 취해 있다.

흐드러지게 달려 있는 열매를 마음껏 따 먹어 본 적은 처음 있는 일이었다. 신록으로 하늘을 덮은 터널 길을 오르며 하루 묵고 가자느니 버찌로 점심을 대신하자고 깝죽거렸다. 아쉬움을 남기고 걷는 산행길의 발걸음은 하늘을 날 것 같은 최고조의 기분이었다.

엊저녁 비로 인해 말끔하고 경사도 없는 완만한 산길 언저리 끝자락에 장춘사란 조그만 절이 있었다. 크지도 웅장하지도 않은 수수하면서 중후하게 대웅전이 자리하고 있다. 신라 시대의 절이지만 불타서 재건한 지 이백 년이 되었다고 한다. 증명이라도 하는 듯 대웅전 앞마당에 단아하게 세워진 5층 석탑이 신라 시대의 것이라는 안내자의 설명이다. 스님도 보이지 않고 향을 피우는 냄새도 없으며 사람의 흔적도 없는 깨끗하고 품위 있는 절이었다. 모두들 몸을 추슬러 단정한 몸가짐으로 절을 둘러보고 물 한 모금 마시고 조용히 돌아섰다.

농장을 가는 길은 오던 길을 되돌아가는 길이었다. 우거진 숲 속 길에 신록이 내뿜는 향내를 맡으며 걷는 발걸음은 새의 깃털보다 더 가벼웠다. 신선한 공기를 들이켜려고 숨을 한껏 내뿜고는 길게 뻗은 가지 사이로 하늘을 쳐다보며 크게 들이마신다. 고개를 돌려 산비탈의 절경을 내려다보며 발걸음을 재촉하는 사이에 다시 벚나무 길에 닿았다. 누가 먼저랄 것도 없이 모두들 버찌 가지에 매달렸다.

올라갈 때 버찌를 다 딴 것 같았는데 손이 닿지 않은 나무가 부지기수였다. 주변은 조용하기 이를 데 없다. 먼지도 상한 것도 한 알 없는 거무스레한 자줏빛의 버찌가 탐스럽게 달려 있다. 내려가자는 누군가의 말에 아무도 따르지 않는다. 달고 상큼한 버찌를 두고 갈 수가 없었다. 농장에서는 저녁밥을 먹자는 소리에 모두를 웃으며 좋아들 한다. 연거푸 소리치는 회장님의 독촉이 이어진다. 손이 닿지 않는 언덕바지 밑으로 처진 가지에 달린 콩알만 한 열매를 아까운 듯 물끄러미 바라보며 자리를 떴다.

　모두들 길을 떠났으나 여자 셋이 마냥 나뭇가지를 붙들고 있다. 입안에 톡 쏘며 번지는 그 신신한 감촉의 내훅에 가시를 놓을 수 없다. 키가 작은 친구는 아래 가지를 키 큰 나는 윗가지 버찌를 따 먹는 마음도 버찌만큼 달콤하고 흐뭇했다. 느긋함과 촉촉함이 우리를 새롭게 만들어 주는 것 같다. 온몸에 버찌의 달콤함을 한아름 안은 채 아쉬운 마음으로 길을 나섰다.

　친구의 입 가장자리가 붉은 립스틱을 타고 입술 밑으로 버찌 물이 검붉게 흘러내렸다. 손바닥을 들여다보니 빨간 매니큐어 손톱보다 더 짙게 물들어 있다. 오늘을 위해 새 옷을 준비한 내 하얀 조끼에 선홍색 그림이 그려져 있다. 어이없는 모양새에 서로 바라보며 웃지 않을 수 없었다. 새하얀 조끼 앞자락에 피보다 더 빨갛게 물든 얼룩이 남자 친구들의 놀림감이 될 것 같다. 머쓱하고 쑥스러움으로 걱정이 앞선다.

　바람 한 점 없는 숲 속 길은 한가롭기만 하다. 그제야 마음이 급해져 바쁘게 걸었다. 돌아갈 길도 모르겠고 얼마를 가야할 지 초조한 마음으로 달리다시피 걸었다. 먼발치에서 동창 한 분이 우리를 향해 오고 있었다. 반갑게 손을 흔들었다. 길을 잃어버렸나 해서 찾으러 왔단다. 미안하고 고마운 마음에 '우리가 바보야.' 하고 너스레를 피워 본다.

　농장에는 품위 있고 낭만이 깃든 원두막이 있었다. 울퉁불퉁한 원목으로 멋스럽게 지어진 원두막을 끼고 위로는 여러 가지 과수들이 햇빛을 받아 보란 듯이 연초록을 내뿜고 있다. 아래 채전밭에는 상추, 쑥갓, 우엉 등 여러 가지 채소가 맛깔스럽게 자라고 있다. 푸짐하고 먹음직스럽게 차려진 음식상이 보기 드물게 조그마한 저수지를 끼고 있는 농장의 운치를 더하였다.

　호수를 옆에 낀 원두막에서 버찌 향기를 맡으며 은하수 밤하늘에 흠뻑 젖어 보고 싶다.

속삭임

　주룩주룩 밤비가 내린다. 아파트 공원에 힘차게 내리치는 빗줄기가 가로등에 스치는 모습이 정겹게 느껴진다. 자정이 지나 집집마다 조용히 잠이 들고 몇몇 창문에 불이 켜져 있다. 무엇을 하면서 잠을 설치는지 멀거니 불빛을 바라본다. 입시생이 공부와 씨름하고 있는지, 재미있는 소설에 푹 빠져 있나, 자정이 된 줄도 모르고 하던 일에 몰두하고 있는지도 모를 일이다. 혹시 나같이 밤잠 이루지 못해 비 오는 창밖을 내려다보며 멍한 시간을 보내고 있지나 않은지, 적막하리만큼 조용한 밤의 정적을 둔탁하게 두드리는 빗소리가 마음속으로 잦아든다.

비가 내리는 원리는 하나다. 수증기가 하늘로 올라가 구름으로 뭉치면 물방울이 되고 물방울이 점점 커져서 무거워 견디지 못해 아래로 떨어지는 것이 비다. 그렇지만 비의 종류는 참으로 다양하다.

부드럽게 뿌려지는 보슬비는 가벼운 옷차림으로 우산을 받고 물가를 거닐고 싶게 만든다. 무더운 여름날 세차게 내리치는 한줄기 소나기는 대지의 먼지와 오물을 씻어 내리면서 몸속의 오욕까지도 씻어 낼 것 같은 시원함을 준다. 지루하리만큼 질질 내리는 장맛비는 무덥고 긴 여름날의 치료제로 쓰이기도 한다.

구름 속의 물방울이 음과 양으로 갈라져 부딪혀 일으키는 번개와 벼락은 죄 진 자에게 두려움과 동시에 뉘우침을 일으키게도 한다. 지구의 종말이 올 것 같은 바람을 동반한 거친 태풍도 있는가 하면 겨울에 내리는 차가운 비는 벌거벗은 메마른 나무에 물을 흠뻑 머금게 하여 봄을 맞을 채비에 큰 힘이 되어 주기도 한다.

지루한 장마의 연속인 밤비가 점점 세차게 몰아친다. 이러다가 거센 비바람이라도 치려나 줄기찬 빗줄기가 시원함과 상쾌함을 더해 준다. 찌르르 뚝뚝 무어라 표현할 수 없는 창으로 들려오는 빗소리와 베란다로 떨어지는 물소리가 온몸에 스며들어 온다. 따스해지며 부드러운 물의 속삭임은 생각에 잠기게 한다.

초등학교 일 학년 여름방학의 어느 날 동네 아이들과 나무 울타리 밑에서 소꿉장난을 하고 있었다. 너무 더우니까 강에 가서 미역을 감기로 하고선 멀리 떨어진 강가로 갔다. 손에 손을 잡고 노래를 부르다 달리기도 하며 신이 났다. 강가에서 흘린 땀을 씻으려고 물속에 철썩 뛰어들어가 물 위로 비치는 얼굴을 보면서 물장구도 치며 재미있게 놀았다. 웃고 떠들다 돌멩이를 뒤적이며 예쁜 돌을 고르는데 하나둘 빗방울이 떨어졌다. 하늘이 검은 구름으로 컴컴해지더니 갑자기 굵은 빗방울이 쏟아져 소나기로 변했다. 모두들 깜짝 놀라 하던 놀이를 멈추고 신발을 찾아 신고는 급히 집으로 돌아왔나.

비는 더욱 세차게 내리고 번개가 번쩍이며 하늘이 무너지는 것 같이 천둥을 쳤다. 우레와 같은 천둥소리에 놀라 벼락이 내 머리에 떨어지는 것 같아 겁이 났다. 있는 힘을 다하여 집을 향해 달렸다. 길가 채전밭 고랑에 줄지어 늘어선 아주까리 나무가 눈에 띄었다. 우리는 아무 생각 없이 아주까리 넓은 잎을 한 잎씩 꺾어 머리에 쓰고 집으로 향했다.

갑자기 어디에서 할아버지의 우렁찬 목소리가 들린다. "거기들 서거라. 잎을 다 따 버리면 어떡하라고" 하시며 뒤따라오신다. 혼비백산하여 머리에 얹혀 있던 나뭇잎은 던져버리고 뒤도 돌아보지 않고 죽을힘을 다하여 달렸다. 가까스로 집에 돌아와 보니 비에 젖은 생쥐 같았다. 헐떡거리며 들어오는 나에게 어머니가 어린 것이 멀리까지 갔다며 걱정을 하시곤 새 옷을 주셨다. 마른 옷을 갈아입기도 전에 비는 그쳐 버렸다. 두렵기도 하고 힘이 쪽 빠져 눈물이 났다.

지금도 웃음이 나온다. 민첩하고 날렵하여 유난히 달리기를 잘하여 우리를 뒤로한 채 휑하게 앞서 달리던 순이는 어디에 살고 있는

지, 훗날 혹시나 하고 전국 체전 육상 선수 명단에 그의 이름을 찾아보기도 했다. 조그마한 키에 몸이 약해 밤낮으로 경기를 일으키던 옆집 미자, 그의 어머니가 미자야 큰 소리로 부르면 우리 어머니는 하던 일을 제쳐두고 달려간다. 창문으로 살며시 들여다보면 우리 어머니가 미자를 일으켜 안고 앉아 있으면 미자 어머니는 입에 찬물을 머금어 얼굴에 뿜는다. 연거푸 물을 뿜은 후에야 겨우 눈을 뜨던 미자였다. 건강하게 잘 자랐는지 어떻게 살고 있는지 궁금하다.

동그랗고 통통한 얼굴에 항상 웃음을 머금은 귀임이. 지금도 웃는 얼굴로 많은 사람에게 사랑을 베풀며 살아갈 것이다. 나는 부산으로 이사를 왔지만 다들 어디에서 무엇을 하고 사는지 지나온 날들이 스쳐 지나간다.

우정에는 여러 종류가 있다. 어린 시절의 소꿉친구가 있는가 하면 학교 동창들도 있다. 생각과 취미가 비슷해 즐거운 시간을 갖게 되는 친구도 있으며 이웃사촌도 있다. 소꿉친구는 언제 만나도 순수한 그대로의 옛 시절로 돌아간다. 취미를 같이하는 친구는 나 자신을 발전시키는 버팀목이 되어주기도 한다. 그 많은 얼굴이 비에 젖어 내게로 다가온다.

비가 오거나 낙엽이 떨어지는 거리를 함께 헤매던 친구가 있었다. 비 오는 어느 날 오후 수업을 마치고 기숙사로 돌아왔다. 친구는 숲이 우거진 창밖을 바라보다 방에 들어서는 나를 무작정 나가자면서 외출 준비를 시켰다. 얼떨결에 우산을 들고 따라 나섰다. 교정을 벗어나 버스를 타고 광화문에서 내렸다. 피아노를 전공하는 예술성을 겸비한 감성이 뛰어나 비 오는 날이면 가끔씩 감정을 억제하지 못하고 허우적거리곤 하는 친구였다.

플라타너스 가로수 밑으로 무작정 걸었다. 중앙청을 지나 경복궁 앞을 걸으며 예술, 학문, 남자 이야기를 거쳐 종교에 이르기까지 두서없이 지절대며 신발이 흠뻑 젖을 때까지 걸었다. 옷까지 젖어 거추장스러웠으나 개의치 않았던 꿈 많고 영혼이 깃들었던 시간이었다.

그 여운으로 늦은 가을이면 친구는 미색 바바리로 나는 파란색 바바리를 걸치고 땅콩 천 원어치 사서 주머니에 넣고 굴러다니는 플라타너스 낙엽을 밟으며 경복궁 돌담길을 수없이 걸었다. 공휴일이나 토요일에는 시냇물이 넓게 흐르는 물 위에 큰 바위들이 제멋대로 널브러져 있는 자하문까지도 갔다. 바위에 앉자 흐르는 냇물을 타고 떠내려오는 낙엽을 보며 감탄을 아끼지 않았던 젊음의 낭만을 누리기도 했다.

오늘같이 비가 오는 날이면 그리움이 짙어진다. 별로 슬프지도 중요하지도 않은 일에 애를 태우며 마음 조아렸던 일들도 그립다. 그 모든 것이 꿈속을 헤매듯 비를 타고 들어왔다 사라지곤 한다. 애틋한 마음으로 걷고 싶은 것도 그때의 그리움의 하나일 것이다. 혼자 우산을 받쳐 들고 걸어 보지만 얼마 못 가 뒤돌아 오게 된다. 그가 없음인지 나이 탓인지 걷고 싶어도 비 오는 창밖을 바라보며 안타까워하고만 있다.

우산을 받고 함께 그 길을 걷고 싶다. 결혼하였어도 이웃하여 같이 살자고 누누이 약속하였건만 결혼하고 그는 멀고도 먼 미국으로 훌쩍 떠나 버렸다. 그칠 줄 모르는 빗소리는 친구같이 속삭이며 내게 다가온다.

화려한 외출

　접시꽃을 보기 위해 바쁘게 집을 나섰다. 오늘은 얼마나 더 많은 꽃이 피었을까 발걸음이 빨라진다. 서쪽 하늘에 저녁노을이 붉게 물들고 있다.
　장자산에 올레길이 만들어졌다는 소문에 이기대로 나섰다. 오솔길을 걷다 보니 오르막에는 나무 계단이 만들어져 있고 골짜기를 건너는 흔들다리도 놓여져 재미있고 안전하게 꾸며진 길이었다. 잘 다듬어진 올레길은 산과 바다의 어울림에 시원한 바람과 맑은 공기로 쾌적하여 해 질 무렵 걷기에 안성맞춤이었다.
　그동안 무관심하게 미루었던 것을 후회하며 다음 날도 힘차게 발걸음을 옮겼다. 짜임새 있게 만들어진 산책길을 걸으며 바다 산만 보이던 길도 횟수를 거듭할수록 바다의 파도 소리도 들리고 울창한 숲도 보였으며 급기야는 들꽃과 들풀, 바다 냄새까지도 맡을 수 있었다.

자연의 변화에 따라 나타나는 바다의 정경에는 놀라움을 금치 못한다. 맑고 바람 없는 날에는 융단을 깔아 놓은 듯 조용한 바다 위에 음률을 타는 듯 바닷가에 파도 소리가 찰싹거린다. 보름달이 뜨면 온 바다에 은빛 꽃무늬를 수놓은 듯 반짝거리는 모습에 넋을 빼앗겨 발걸음을 멈추게 한다. 거센 바람이 불어올 때면 파도가 노도같이 밀려와 후미진 골짜기 구석까지 물이 치밀어 오른다. 바위에 힘차게 부딪쳐 온 산을 삼킬 것 같은 폭음과 함께 위로 치솟고 옆으로 흩어지는 하얀 물거품의 웅장함도 있다.

딱 한 번 보았지만 지평선 너머까지 은빛이 일직선으로 깔려있는 은비늘은 신비롭기까지 했다. 선녀가 날갯짓하며 나타날 것 같은 자연의 오묘한 섭리에 약간의 두려움이 스치기도 했다. 같은 바다 같은 하늘에서 상상조차 할 수 없이 다양하게 나타나는 풍경에 신기해하며 바닷길을 걷는다.

자연의 변화에서 일어나는 신비스러운 바다의 절경이 있는가 하면 인위적으로 얻는 것도 적지 않다. 길 모퉁이 곳곳에 세모꼴, 사다리꼴하며 여러 가지 모양새의 자투리땅들이 있다. 생김새 그대로 잘 가꾸어 작은 꽃밭을 만들어 놓았다. 계절 따라 피는 꽃은 산책길의 길손들에게 기쁨을 더해 준다. 단국화도 있고 금잔화, 칸나, 붓

꽃, 봉선화에 국화까지 어릴 때 우리네 꽃밭에서 흔히 볼 수 있는 꽃들이 유난히 많이 피어 있다. 가던 길을 멈추고 탄성을 지르기도 하고 한참을 정겹게 바라보다 생각에 잠기기도 한다.

　비 온 후 어느 날 인도보다 조금 높은 직삼각형 모서리 땅에 접시꽃나무가 뾰족이 올라왔다. 반가움에 앞으로 다가갔다. 어디에서나 흔히 볼 수 있었던 접시꽃이 언제부터인지 자주 볼 수가 없었다. 보고 싶은 마음에 어서 자라 꽃을 피웠으면 하는 나이답지 않은 호들갑을 떨기도 했다. 비 온 뒤에는 얼마나 자랐을까 급히 달려가면 고맙게도 많이 자라 있었다. 얼마를 기다려야 꽃을 볼 수 있는지 궁금증을 풀어 주듯 기대 이상으로 쑥쑥 잘도 자라 준다. 어느새 내 키보다 훌쩍 자라 튼튼한 가지에 많은 꽃망울이 맺혔다. 꽃망울의 크기에 놀라면서 꽃이 피기를 기다렸다.

　접시꽃의 원산지는 중국으로 촉규화, 덕두화, 접중화라는 원래의 꽃명이 있다. 빨간 꽃은 적규화 흰 꽃은 백규화라고도 하며 개화기는 6월이다. 꽃말로는 풍요, 야망, 평안이며 우리나라에서 접시꽃이라 부르는 것은 접시 모양으로 넙적하다 하여 이름 지어졌다고 한다.

　드디어 꽃이 피었다. 열 송이도 채 되지 않은 꽃들이 빨강, 분홍, 흰색으로 색깔이 선명하고 꽃의 크기에 놀라지 않을 수 없었다. 다음 날 접시꽃을 보기 위해 급히 달려갔다. 밤새 더 많은 꽃들이 우리를 반긴다. 얼마 만에 보는 늘씬한 접시꽃의 자태에 자리를 뜰 수 없었다. 토양이 좋았음인지 꽃의 품종이 다른 것인지 우리네 꽃밭

귀퉁이에 홀쭉 큰 키에 줄기 따라 수줍은 듯 다소곳하게 피었던 접시꽃과는 사뭇 다르다. 꽃송이가 어찌나 큰지 놀랍기도 하거니와 미끈하고 당당하게 피어있는 오만함에 얼떨떨할 지경이다. 산허리를 도는 자투리 꽃밭에 날이 갈수록 접시꽃으로 산모퉁이를 온통 풍성하게 물들였다.

빨갛다 못해 자줏빛을 띤 적규화는 정열과 음탕함이 잘 어우러진 카르멘을 연상케 한다. 건장한 몸매가 바람에 흔들리는 모습은 긴 치마를 휘두르며 남자를 유혹하는 여인 같기도 하다. 힘이 넘쳐 주체 못하는 여장부같이 보인다. 흰빛에 가까울 정도의 연분홍 꽃은 부드러우면서도 완숙함을 자랑하고 있다. 단아하면서 아름다움을 지닌 서양 여자의 멋스러움을 한껏 뽐고 있다. 정성을 다하여 드레스를 차려입고 무도회에서 어느 백작과 춤을 추려고 기다리는 여인 같이 보이기도 한다. 수줍게 피어있는 순백의 백규화는 사운드 오브 뮤직 영화에서 에델바이스 노래를 부르는 요정 같은 소녀를 연상케 한다.

수많은 꽃 중에 접시꽃만큼 자만심으로 가득 찬 꽃을 보지 못했다. 꽃말처럼 넘치는 야망으로 어쩔 줄 몰라 자기가 가진 모든 것을 보란 듯이 뽐내고 있다. 석양의 빛을 받아 거만하게 피어있는 위력에 빨려 들어가 사랑스러움과 부러움으로 볼에 비벼도 보고 입맞춤도 해 본다. 화려함에 비해 향기가 없다. 깜짝 놀라 몇 번이나 맡아 보아도 싱그러움 외에 어떤 향내를 맡을 수 없다. 외모에 치우치다 보니 몸속 깊은 곳에서는 그 무엇도 품어 낼 수 없었나 보다.

접시꽃처럼 가진 모든 것을 한껏 품어 내는 꽃이 있지만 수줍은 듯 다소곳하게 피어나는 꽃들도 있다. 눈에 띄지 않은 겸손함에는 은은한 향기를 갖고 있다. 화려한 외출의 아름다움도 좋지만 마음의 숨은 향내를 살포시 뿜어 나비들을 불러 어울리는 소박한 꽃들의 외출도 나쁘지 않을 것 같다.

아기 손 단풍

깊어가는 가을 속에 문경새재 산들은 오색 빛을 발하며 장관을 이루고 있다. 개울 따라 걸으며 물들어 있는 나뭇잎들이 품어내는 은은한 빛에 눈을 뜰 수 없을 지경이다. 지천으로 널려 있는 나뭇잎들은 하나같이 작고 아기 손같이 보들거려 이름조차 아기 손 단풍 나무란다. 숨을 고르느라 쉼터에 앉아 바람에 살랑거리는 나약한 잎들이 신기하게도 내 손자들을 연상케 한다.

나의 가장 큰 외손자는 석윤이다. 이 녀석이 태어나자 첫손자 탄생의 기쁨과 놀라움으로 가슴이 저려오며 무척이도 나를 흥분시켰다. 사내답지 않은 맑은 울음소리에 희고 해맑은 얼굴을 하고 태어났다. 양손을 움켜쥐고 팔다리를 오그리며 오물거리는 입술을 보는 순간 울컥하며 눈시울이 젖어 들었다. 거친 손으로 조심스럽게 손자의 손을 만져 보았다. 솜털이 보송보송한 분홍색 손이 밀가루 반죽같이 말랑거렸다. 아이를 셋이나 키웠건만 내 아이에게서 느껴보지 못한 촉촉한 감동이 할머니의 사랑인가 보다. 이렇게 깨끗하고 곱게 태어나 힘들고 거친 세상에 어떻게 살아갈지 걱정이 앞섰다.

2년이 지나 작은딸이 첫딸(외손녀) 세림이를 낳았다. 무엇이 문제였던지 임신 7개월 만에 유산기가 있다면서 면회조차 금지된 임신부 중환자실에 입원하며 애를 태웠다. 10개월 만에 분만실에 들어가서는 오랜 기다림 끝에 제왕절개 수술을 받고서야 겨우 태어났다.

우리 집은 소문난 다 출산 건강 가족으로 제왕절개 수술을 의아해 하며 안전 분만만을 기다렸다. 조아림 속에 태어난 세림이는 높고 가냘픈 울음소리를 내며 세상 구경을 했다. 불그스름한 얼굴에 눈을 감은 채로 첫 만남이 이루어졌다. 건강하게 태어났으나 눈을 뜨지 못하고 입술만 오물거렸다. 공주라는 사실에 우리를 한층 기쁘게 만들었고 보드라운 아기 손이지만 손가락이 길쭉했으며 긴 다리가 부모를 닮아 키가 아주 클 것을 예시해 주었다.

2년 후에 태어난 큰딸의 둘째아들(외손자) 석문이는 두상이 조그맣고 신생아답지 않게 얼굴이 매끈했다. 갓 태어난 아기가 머리카락은 별로 없으면서 백일 지난 아이같이 반질거려 영특해 보였고 주먹을 꼭 쥐고는 만져도 펴질 않았다. 명석한 두뇌로 공부를 잘할 것 같은 예감이 들었으며 입을 오물거리는 모습은 천사를 연상케 했다. 우렁찬 울음소리는 분만실 간호사들이 놀랄 지경이며 다른 아기들이 깨어날 지경이란다. 그 여파인지 요즘은 성악가 못지않은 풍성한 성량으로 노래를 썩 잘 부른다.

3년 후 작은딸이 아들(외손자) 세범이를 낳았다. 누나를 둔 기다리던 사내아이라 부모를 비롯해 할아버지 할머니의 축복을 받으며 태어난 아기는 모두에게 기쁨이었다. 제왕절개 수술로 태어났음인지 어엿함인지 눈도 뜨지 않고 꼭 다문 입술은 오물거리지도 않는다. 보송보송하고 뽀얀 얼굴과 머리숱이 많은데 비해 머리는 크지 않은 것 같았다. 손이 커서 신생아 손이지만 만질 것이 있었으며 불그레한 다리가 유난히 긴 것 같이 보였다. 건강하게 자라 장남의 명분을 잘 감당했으면 하는 마음 간절했다.

서른을 훌쩍 넘긴 아들이 결혼하여 늦게야 친손자 찬형이를 보게 되었다. 우윳빛같이 깨끗한 얼굴은 희다 못해 분홍빛을 띠며 태어났다. 우렁찬 울음소리답지 않게 오똑한 코에 눈도 뜨지 않은 채 조그만 입술을 오물거리는 모습은 서양 아이를 연상케 했다. 많지도 않은 노랑 머리카락까지 아빠를 빼닮은 모습에 뭉클해지며 눈물이 날 것 같았다. 손을 만져 보려 해도 하얀 손이 어찌나 깨끗한지 검고 우악스러운 내 손이 부끄러워 선뜻 내밀 수가 없었다. 험난한 세상에 내어 놓기가 두렵고 걱정이 앞선다.

차례차례 태어난 손자 손녀들은 걱정과는 달리 잘 자라고 있다. 초등학생에서 대학생에 이르기까지 거침없이 자란다. 쉰둘에 첫손자를 얻고는 할머니 소리가 나오지 않아 애를 먹었다. 웃음이 나온다. 빠르면 얼마 안 있어 증손자도 보게 될 것 같다.

　부모들은 아이들이 기쁨을 줄 때는 어깨를 펴고 만족스러워 더없이 행복해한다. 그런가 하면 조그만 걱정거리에도 경험이 부족한 짧은 연륜으로 마음 조아리고 힘들어한다. 세상을 다 산 것 같은 근심에 쌓이기도 하지만 한 세대 더 살아온 사람에게는 자라는 과정일 뿐이다. 오랜 세월이 지나도 여전히 아기 손으로 기억되며 무엇과도 바꿀 수 없는 귀한 이이들이다. 기쁨과 걱정 속에서 평범하고 순수하게 잘 자라고 있어 부모에게는 고맙고 자랑스럽다.

　눈이 부시도록 내뿜는 붉은빛 절경과 순결한 아기단풍으로 마음이 터질 것만 같다. 어디 그뿐이랴, 봄에는 보드라운 연초록의 신록으로 사람들에게 순수한 감동을 주어 마음을 정화시켜 주며 짙푸른 녹색의 정원은 지친 삶에 힘을 불어넣어 주기도 한다. 가을의 오색 잎들은 보는 이로 하여금 추억을 불러일으키어 너그러운 마음으로 사색에 잠기게 한다. 잎이 떨어진 앙상한 겨울나무는 가지 사이로 내리비치는 햇빛으로 나그네의 추운 몸과 마음을 따뜻하게 만들어 준다. 침묵 속에서 혼신의 힘을 다해 사람에게 희망과 기쁨이 되어 주는 아기 손 단풍이다.

　휘어진 가지들의 수려하고 세련된 멋은 손자들과 버금가는 겸허함과 순수함이 담겨 있다. 두 사람 팔을 마주해도 모자랄 것 같은 두툼한 나무들이 버팀목으로 큰 그늘이 되어 주듯 우리 아이들도 아름드리나무같이 크고 비범하게 자라 주었으면 하는 바람이다. 듬직하고 진실한 사람으로 나라에 덕을 끼치며 인류에 도움이 되는 보람된 삶을 누렸으면 하는 마음 간절하다. 늘어진 나뭇가지 사이로 높고 파란 가을 하늘의 뭉게구름은 한껏 부풀은 내 마음같이 떠다닌다.

내 마음의 은하수

은하수를 보았던 것이 20년도 더 된 것 같다. 눈이 내리거나 비가 오는 흐린 날이 아닌 밤하늘에는 어디에서나 볼 수 있었던 수많은 별들, 무리를 이루어 보석들이 총총 박혀 있는 것 같았던 은하수. 때로는 그 별들이 내 가슴으로 와-악 쏟아지는 것 같은 착각을 일으키기도 했다.

청명한 어느 가을날이었다. 화창하고 맑은 날씨에 주위조차 조용했다. 하던 일을 멈추고 뜰에 나섰다. 구름 한 점 없는 높고 푸른 하늘이 푸르다 못해 커다란 물방울이 뚜-욱 떨어지는 것 같았다. 얼떨결에 두 손을 모아 앞으로 쑤욱 내밀어 보았다.

그날 밤 남편의 등을 떠밀어 뜰에 나섰다. 손가락으로 하늘을 가리키며 은하수를 보았다. '별 처음 봐' 하면서도 별들에게서 눈을 떼지 못했다. 우리는 돌계단에 앉아 별에게 속삭이듯 얘기를 나누었다. 많은 별들이 마음 속 깊숙이 담겨져 있던 꿈을 이끌어 내었다.

대학 시절의 어느 날이었다. 기숙사에서 라디오로 아침 뉴스를 듣는데 이태리 사람 한 분이 우리나라를 방문했다. 정치인도 기업인도 아닌 로마 일류 호텔 레스토랑의 수석 요리사였던 것 같았다. 비행기 트랩에 내리자 아나운서와 인터뷰를 시작했다. 한국의 첫 인상이 어떻습니까, 아나운서의 질문에 한국의 하늘이 이태리 하늘처럼 무척 푸르다고 응답했다. 뜻밖의 대답에 놀라 왜 하필 하늘이지, 하늘이 푸르지 노란 하늘도 있나, 우리나라를 얕보는 언사가 아닌가 하는 언짢은 마음으로 못마땅하게 여겼던 기억이 난다.

돌이켜 보면 맑고 푸른 하늘이 무척 인상적이어서 하늘 타령이 나왔으리라는 생각이 든다. 푸르디푸른 그 하늘 한번만이라도 보고 싶다. 별무리 속에 우리의 꿈이 담겨져 살아 왔던 옛날이 그리워질 때는 그날의 방송을 생각하며 우중충한 하늘을 올려다보곤 한다.

내게는 수없이 많은 별들로 인한 은하수의 밤을 잊지 못하는 추억이 있다. 고등학교 졸업 후 이십오 년이 지난 어느 여름날 동창 모임에서 일박이일로 지리산 피아골 계곡으로 여행을 갔다. 친구들과 함께 집을 떠나 밤을 새우는 일이 처음 있는 일이라 짧은 일정이지만 어찌할 바를 몰랐다. 다소 흥분도 되고 은근히 무슨 일이 일어나지 않을까 두근거리기도 했다. 설레는 마음을 안고 아침 일찍 버스로 출발하여 늦은 오후 목적지에 도착했다.

흐르는 물소리가 정겹게 들리는 계곡 언덕 위 민박집에 숙소를 정했다. 주인아주머니에게 저녁 부탁을 하고는 바쁘게 짐을 풀어 짧은 바지를 갈아입고 바위를 타고 계곡으로 내려갔다. 개구쟁이 아이들처럼 소리 지르며 물속으로 첨벙 뛰어 들었다. 왁자지껄 마음대로 뛰고 물장구 치고 소리 지르고 가히 난장판이 따로 없었다. 얼마를 지났을까 식시 준비되있다고 아주머니가 손나발을 불었다. 우리도 알았다고 물소리와 함께 목청껏 대답하고는 깔깔 웃곤 했다.

저녁을 먹은 후 열 명이 넘는 친구들이 조그만 방에 비좁게 둘러 앉아 이야기 보통이를 풀었다. 이십오 년 전 함께 누렸던 교복 속의 이야기에서 교복 벗은 후의 많은 일들을 꺼내 놓았다. 저마다 먼저 하겠다고 떠들며 웃다 지쳐 삼삼오오 각자 방에 흩어져 잠자리에 들었다. 나는 친구와 방을 옮기다 화장실을 찾아 밖으로 나왔다.

깊은 숲 속의 우람찬 나무들이 하늘을 향해 우뚝 서 있다. 보름달이 되기를 기다리는 밝은 달이 나뭇잎 사이로 수줍은 듯 곱게 떠 있다. 서늘한 바람이 작은 나무 잎들을 흔들어 수런거리는 소리를 내는가 하면 풀 냄새 풍기는 상큼한 맑은 공기는 몸속의 열기를 씻어 내었다. 지척을 울리는 쿵쾅거리는 물소리와 벌레들의 울음소리는 북과 실로폰 같은 조화를 이루며 고즈넉한 산속에 울려 퍼진다.

숲 속 밤의 정적에 상기된 얼굴로 하늘을 바라보았다. 보석이 박힌 것 같은 별들의 찬란함에 머리가 찡하며 짜릿한 전율이 온몸에 흐른다. 터질 것 같은 벅찬 가슴을 누르고 숨을 몰아쉬며 '아름다운 꿈 깨어나서 하늘의 별빛을 바라보라' 노래를 불렀다. 잠을 청하던 친구들이 하나 둘씩 밖으로 나와 별을 보며 손에 손을 잡고 둥그렇게 원을 지었다. 달빛 별빛이 흐르는 숲의 적막을 깨고 학교 다닐 때 배운 노래 뿐 아니라 동요까지 소리 높여 불렀다. 모두들 환희에 찬 감격으로 눈시울이 젖어들었다.

모두들 그 자리에 주저앉았다. 처절하게 울어대는 귀뚜라미와 개울물 소리가 귀 끝에 잦아든다. 시름에 잠기 듯 누구 하나 입을 열지 않는다. 저마다의 생각에 빠져 말문을 닫은 채 조용하다. 숨소리조차도 들리지 않으며 경건해지는 것 같다. 우리가 만났을 때는 활기찬 젊은 날들이었으나 이십여 년이 지난 지금 각자 다른 길을 걷는 그네들의 삶을 생각한다.

나는 화려하고 많은 꿈에 부풀어 결혼을 했다. 그러나 결혼생활은 나를 잃어버린 세월이었다. 남편과 아이들을 위해 이십여 년간 주어진 삶에 살았다. 부족함이 많은 생활 속에서 나를 버리고 힘겹게 살아가는 바쁘고 고된 날들이었다. 나를 버리고 그들을 위해 사는 가족 속의 나. 살다 보니 그것이 바른길 같았다. 어느 때까지 그들 삶 속에 묻혀 살아야 하는지 갑자기 두려움이 엄습해 온다. 나를 찾고 싶다. 나를 갖고 싶다. 어떻게 해야 할지 깊은 숨만 몰아쉰다.

풀벌레들이 피를 토할 것같이 울어댄다. 수많은 별이 힘겹게 불혹을 넘긴 나를 위로하고 달빛이 나를 안으며 달래준다. 그칠 줄 모르는 물소리 바람 소리로 숲 속의 밤은 깊어만 갔다.

마음속 깊이 새겨진 피아골의 영롱한 별들을 잊지 못해 이십여 년이 지난 어느 해 가을 피아골을 찾았다. 물소리 흐르는 민박집 아주머니도 만나고 은하수를 바라보며 내가 왔노라고 얘기하고 싶었다. 포장된 도로에 새집으로 단장된 여러 집에서 언덕 위 허름한 민박집을 찾을 수 없었다. 안타깝게도 날씨까지 흐려 은하수를 보지 못했다. 이십여 년 전의 은하수를 가슴에 묻고 허전한 마음을 달래며 돌아섰다. 아쉽게 돌아오는 발걸음은 그날 밤의 추억을 떠올리며 그래도 흐뭇하고 행복했다.

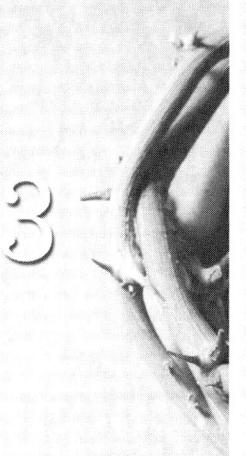

3 나의 예수 이야기

나의 예수 이야기

나는 초등학교 4학년 여름 방학에 처음으로 교회에 갔다. 우리 옆집에 혼자 외롭게 살며 교회 다니는 할머니가 계셨다. 여름 방학에 서울에 살고 있는 외손녀가 할머니를 뵈러 왔다. 할머니의 배려로 나와 외손녀가 친구가 되어 같이 놀았다. 뙤약볕이 뜨겁게 내리쬐는 어느 날 오후 같이 놀다 손녀가 교회에 간다기에 나도 따라 나섰다.

수요일 오후 4시경에 교회에 들어가니 30여 명 정도의 아이들이 앉아 있었다. 노래를 부르고 선생님이 기도드리며 성경 이야기도 했다. 너무 신기하고 재미있어 몇 번 따라다녔다. 나는 교회를 전혀 모르는 상태에서 유년기를 보냈으며 이것이 교회 첫걸음이었다. 2

주일쯤 지나 방학이 끝날 무렵 손녀는 서울로 가고 내가 교회 가는 것도 끝이 났다.

5학년이 되었다. 담임선생님이 바뀌었는데 우리 선생님은 예수교인이었다. 친구와 가 보았던 그 교회에서 유년 주일 학교를 지도하는 집사님이었다. 저절로 나는 교회에 나가게 되었고 그저 철없이 재미있게 다녔다. 중·고등부 주일학교에서 성경 말씀을 배우며 대예배에 참석하면서 믿음이 싹트게 되었다.

나의 믿음을 확고하게 만들어 주신 분은 목사님이셨다. 가장 중요한 중·고등학생 시절에 성경의 진리 말씀을 철저히 가르쳤으며, 칼뱅의 교리와 보수적인 믿음 생활을 할 수 있는 기틀을 잡아 주셨다. 집을 떠나 대학을 다니면서 조금의 흔들림이 있었으나 잘 견뎌 내었다. 나는 성경 말씀과 믿음 생활에 부족함이 많았다. 그때마다 목사님이 잘 이끌어 주셔서 오늘까지 하나님 손길 아래 살아가고 있다.

예수를 믿으며 가장 힘들었던 시기는 4년간의 대학 시절이었다. 그때의 믿음 생활은 고뇌와 갈등 속에서 보낸 것 같다. 내가 다닌 학교는 미국 선교사가 세운 학교였다. 학교 방침과 운영이 기독교 정신일 뿐만 아니라 분위기까지 기독교적이었다. 일주일에 세 번 대강당에서 전교생이 의무적으로 참석해야 할 chapel 시간이 있었으며 기숙사 아침 식사 시간에는 간단하지만 반드시 예배를 드린 후 식사를 했다.

해마다 가을이 되면 미국에서 목사님 및 교수님들이 대거 오셔서 전교생이 의무적으로 참석하는 교내 부흥회가 열렸다. 부흥회 기간 동안 교정은 온통 예수 축제 분위기였다. 나는 뜻밖에 미국 기독교 문화를 접하여 놀라우면서도 흥미로웠다. 서양 사람들의 강론이 좋았으며 처음으로 접해보는 새로운 서양 방식의 예배에 흠뻑 빠져들었다. 자유분방한 것 같으면서 질서가 있고 유머러스한 분위기 속의 가벼운 강론에서도 하나님의 진리 말씀에서는 거룩한 하나님, 전능하신 절대적인 하나님의 엄격함을 찾을 수 있었다. 예수 안에서 항상 웃음과 기쁨이 있으며 그분들의 친절과 부드러움은 자연스러웠고 거부감이 없는 분위기에 젖어들면서 부럽기까지 했다.

대학 3학년 부흥회는 잊을 수 없다. 강사님 일행이 오실 때 우리 기숙사생들이 대학 버스를 타고 김포 비행장으로 갔다. '환영 부흥회 목사님'이라고 쓴 현수막을 들고 입국하시는 목사님과 교수님들을 맞았다. 버스 안에서 학교에 도착하여 총장실로 인도하기까지 많은 얘기를 나눴다. 부흥회 기간 동안에도 기숙사에서 숙식을 하셨으므로 가깝게 지낼 수 있었다. 부흥회를 마치고 떠날 때에도 부흥 강사님들의 선물과 파티를 우리가 주관했다. 모든 기숙사생이 사교실에서 베푼 환송회로 석별의 정을 나누기도 했다.

거기에 반해 우리 학교 교수님들의 진보적인 신앙생활은 내게 큰 충격이었고 고뇌의 시작이었다. 외모의 차이에서인지 환경의 차이인지 미국 목사님들은 이해하면서 받아들였는데 우리 교수님들의 주일 성수는 이해하기 힘들었다. 교회에서 배운 보수적인 믿음생활을 일상생활도 그에 걸맞게 생활하려고 애를 썼다. 교수님들의 개

방된 믿음생활을 보면서 나에게 너무 놀랍고 부정적으로 다가왔다.

어떻게 사는 것이 참믿음인지 회의와 갈등 속에서 살았다. 살아 계신 하나님의 진리를 반문하며 의문이 생기기까지 했다. 번민과 고통 속에 시달리다 방학에 집으로 돌아오면 바로 교회로 갔다. 고민과 갈등을 목사님께 말씀드리면서 믿음이 자란 것 같다. 목사님의 지도 아래 번민, 아픔, 회개가 반복되면서 참믿음의 자유함을 얻을 수 있었다. 방황과 나름대로의 갈등에서 벗어나 구속함을 얻은 기쁨을 누리며 대학을 졸업했다. 많은 변화와 흔들림 속에서 어렵게 하나님을 지킨 내가 지금도 대견하고 자랑스럽다.

우리 집에서 예수교인과 결혼하기란 거의 불가능한 일이었다. 일생동안 하나님을 떠나지 않고 살 수 있는 사람과 결혼하고 싶었다. 교회를 나가겠다는 나름대로의 약속을 받고 믿지 않는 남편과 결혼했다. 술 담배도 못하며 정직하고 성실함이 겸비된 칠 남매의 막내로 조건으로 보아 결혼만 하면 곧 예수를 영접할 것 같았다. 그러나 내 생각과 바람과는 달리 오랫동안 나 혼자 믿음 생활을 할 수밖에 없었다. 기다림 속에서 주일 예배드리는 것이 교회 생활의 전부였으며 가정에 매여 세상과 더불어 살았다.

일상생활 속에서 교회 생각이 간절해지면 낮에 교회에 들러 기도드리기도 했다. 금요일 권찰집사님의 심방이 고마우면서 한없이 기다려지기도 했다. 권찰집사님이 멀리까지 오시는 것이 고마워 나도 교회 봉사를 하게 되면 제일 먼저 권찰을 하겠다고 마음먹었다. 부족하지만 지금도 구역을 돌보는 일에 나름대로 최선을 다하고 있다. 순전하고 진실된 믿음은 예배가 간절했던 그때가 참믿음이 아니었을까 하는 생각이 들기도 한다.

　아이들이 장성하여 결혼하면서 가정을 이루었다. 모두들 나름대로 믿음 생활을 잘하고 있다. 손자 손녀들도 부모 따라 믿음 생활 잘하며 하나님이 우리 가족을 돌보시며 인도하심이 눈에 보인다. 겨자씨보다 더 작은 나의 믿음에 내려 주신 은총이 너무 커 아이들에게 입버릇처럼 "예수 잘 믿는 것이 사는 길"이라고 한다. 그러다 보니 하나님께서도 항상 지켜주신다.

　나의 있는 그대로를 사랑하시고 이끌어 주시는 하나님이 계시기에 할 수만 있다면 순전한 믿음으로 경건하고 겸손하게 살고 싶다.

내 사위는 안수집사

 서울 대광 교회는 내 사위가 섬기는 교회이다. 지난주일 장로 장립식과 안수집사 임직식이 있었다. 사위가 안수집사로 추대되어 나는 임직식에 참석했다. 우리 교회에서 여러 번 임직식이 있었지만 가족 누구도 임직을 받아보지 못했다. 내 가족이 안수집사 취임으로 예배에 참석하니 얼떨떨하기까지 했다.
 어느 날 다소 흥분되고 고조된 음성으로 남편이 안수집사가 되었다는 딸의 전화였다. 지난주일 장로, 안수집사, 권사 투표가 있었는데 안수집사에 당선되었다며 기쁘면서 두렵기도 하다며 목소리가 들떠 있었다. 우리 집은 기독교 집안이 아닌 가정이었기에 가족이 교회 직분을 맡기는 처음이다. 하나님께 감사드리며 나 역시 며칠 간 마음이 두근거리기도 했다. 마음껏 축하하며 예배드리고 돌아오면서 사위에게 마음과는 달리 고맙다는 말밖에 할 수 없었다.

사위의 믿음 생활은 결혼과 함께 시작되었다. 대학 시절에 서로 사귀더니 결혼을 했다. 어설프게 시작한 믿음이었으나 그의 성품답게 꾸준히 신앙을 지켜나갔다. 사위에게 가장 귀한 것은 진실성이다. 요즘 청년들에게 보기 드문 진실한 성품을 지녔다. 교회생활도 진실된 마음으로 직장에서도 진실함 속의 성실한 회사원이었다. 가정생활이나 전반적인 사회생활에서 변함없는 진실이 바탕에 깔려 있다.

진실함 속에는 겸손과 도덕성을 겸비한 온유함이 있다. 그런 성격은 어떤 일에 적응하는 힘이 느린 듯하며 순발력이 부족해 보인다. 그러나 어렵고 힘든 일에는 의지로 잘 견디며 실력으로 대처할 능력을 갖추어 해결하는 저력을 갖고 있다. 진실을 인정받고 빛이 나려면 오랜 시간이 필요하지만 변함없는 꾸준함이 큰 힘이며 평생을 지켜 줄 보루라고도 할 수 있다.

지혜로운 성품을 가진 사람도 있다. 지혜로운 사람은 순발력이 뛰어나며 재치가 있다. 어디에서나 빠르게 적응을 잘하며 사람들의 눈에 잘 띈다. 친절하고 사교성이 뛰어나 일도 능률적으로 잘하며 자기 관리를 잘하는 편이다. 모든 사람이 다 그런 것은 아니지만 대체로 깊은 실력을 요하는 능력이나 큰일에 대처하는 저력이 부족할 수도 있다.

사위는 교회에서 청년부를 맡아 봉사한다. 청년들 한 사람 한 사람에게 마음을 열어 하나님 앞으로 이끌어 가면서 겸손하고 성실한 태도로 따뜻함을 느끼게 하려 한다. 온전한 신앙을 바탕으로 봉사하며 청년들에게 믿음의 향기를 나타내기를 바라며 그리스도의 본이 되었으면 한다.

작년에 외손자가 대학 입학시험에 낙방하여 재수를 하고 있었다. 딸과 얘기를 하던 중 느닷없이 "아들이 목회자가 되겠다면 어쩌지" 한다. "왜 무슨 일 있니" 놀라 물었다. 혹시 하나님의 뜻을 헤아리지 못하고 있는가 하는 마음과 약간은 두려운 마음도 있다고 한다. 나 역시 가슴이 조여 오는 느낌이다. 우리 집안뿐만 아니라 주위에는 목회자라곤 찾아볼 수 없으니 너무 생소하고 겁부터 났다. "우리 함께 기도하자. 목회자가 누구나 할 수 있는 일이 아니니까." 하고 넘어갔다. 큰손자가 이번 봄에 대학에 들어갔다. 전혀 목회자의 조짐이 보이지 않은 일반 대학에 입학했다.

모든 학교의 입학식이 거행되는 3월이 왔다. 고희를 넘긴 나이에 외손자 대학 입학식에 참석하였다. 근엄한 총장님, 교수님들의 위용에 신입생들의 풋풋한 모습으로 가슴이 뭉클해 옴을 느꼈다. 감격 속에서 입학식을 마치고 많은 사람 틈에 끼어 강당을 나서는 마음은 감동으로 벅찼다. 세월을 거슬러 오십 년 전 나의 입학식으로 돌아가는 착각을 일으키기도 했으며 교정을 둘러보는 발걸음은 한없이 가벼웠다.

돌아오는 길에 딸애가 내 아들이지만 대단하다고 한다. 재수 시절 유년 주일학교 교사로 봉사하면서 5학년을 배정받았다고 한다. 열심히 봉사하여 연말에 맡은 반을 전도왕으로 만들었단다. 대학에 입학하여 6학년이 된 그 아이들을 계속 맡으면서 한 주도 결석하지 않았으며 마지막에 조용히 마무리 지었단다. 그들이 유년부를 졸업하고 중등부에 올라갈 때 집으로 초대하여 1박 2일 파티를 열어 주었다고 한다.

그런가 하면 크게 배우지도 못한 클라리넷을 몇 년 전부터 주일 대예배 시간에 스트링과 함께 반주를 한단다. 얼마간 하다 말겠지 했으나 지금껏 계속하는 것을 보고는 혹시 목회의 길로 가려나 하는 생각이 들었다고 한다. 그 믿음에 감사하고 좋은 학교에서 공부할 수 있는 기회를 주신 하나님께 영광을 올릴 뿐이다.

큰애와 달리 둘째딸은 자라면서 믿음 생활에 열심을 내지 않았다. 그저 무덤덤한 믿음으로 부모 따라 교회 다니며 예배를 드렸다. 결혼하여 아이들을 양육하면서 하나님을 만나 믿음이 자라 남편까지 인도하여 온전한 믿음 생활을 하게 되었다.

남편과 동시에 집사 직분을 받고 교회 생활이 달라졌다. 주일 성수는 물론이고 새벽기도에 참석하려고 노력도 한다. 교회의 조그만 직분을 맡아 그 바쁜 와중에도 말없이 봉사하는 손길이 고맙고 감사하다. 그러나 어느 때부터인가 사위가 교회를 멀리하기 시작하더니 요즘은 거의 예배를 드리지 못하고 있다. 아이들은 아빠하고 같이 다니던 때를 생각하며 아빠를 위해 기도드린다고 한다. 하나님은 분명 그때를 예비하시리라 믿는다.

나는 막내인 아들 결혼 기도를 드리면서 며느리는 오로지 믿음이 좋은 사람만 보내 달라고 했다. 아들의 믿음은 며느리에게 달려 있으므로 그 이상의 기도는 드릴 수가 없었다. 고맙게도 믿음의 가정에서 잘 자란 자녀가 우리 집에 들어왔다. 하나님의 은총에 감사할 따름이다. 사돈댁 가정에서는 목회자도 계시고 장로님도 여러분 계신다. 그러니 우리 아들 믿음은 걱정할 필요가 없을 것 같다.

외로운 믿음 생활이었던 나의 지난날이 어느새 삼대로 내려왔다. 가정 예배를 드릴 때는 항상 감사의 기도가 넘쳐 나며 하나님께 경배 찬송을 드린다. 손자 손녀들도 잘 자라 좋은 배우자를 만나 고난과 고독이 없는 믿음 생활을 했으면 한다. 풍성하게 믿음의 뿌리를 내려 찬송과 기도가 쌓이면 우리 가정에서도 하나님의 종이 나올 수 있을 것이다. 믿음의 깊이를 더 쌓아 하나님의 단단한 반석 위에서 증손자에 이르러 목회자도 나올 수 있으려나 하나님의 은총을 기다릴 뿐이다.

사랑부 아이들

　내가 다니는 교회에는 사랑부가 있다. 사랑부는 장애 아이들이 모여 예배드리는 주일학교 이름이다. 처음 문을 열었을 때 학생 수는 삼십여 명 정도였지만 팔 년 가까이 지난 요즘은 오십여 명이 된다.
　사랑부 예배는 주일 오전 9시에 시작된다. 학생들은 초등학교에서 중·고등학교 남녀 학생들인데 이십대 후반도 여러 명 있다. 장애의 종류와 정도도 저마다 다르다. 학생들의 상태가 다양하기 때문에 넓은 교실에 들어서면 거의 난장판과 다름없다. 저능아, 신체 발달 장애아, 자폐아, 약시, 농아 등 증상도 가지가지 괴성은 다반사고 구석구석 뛰어다니는 아이, 누워 있는 아이, 물리 치료사에게 치료를 받는 아이들로 가만히 앉아 있는 아이는 드물다. 운영하는 요원들이 어느 다른 부서보다 당연히 많은 인원이 필요하다.

교실을 운영하는 요원들은 여러 분야별로 나누어져 있다. 일을 총괄하는 기획부, 예배 운영 전반을 담당하는 예배부, 간식을 담당하는 간식부, 음악 율동부, 아이들을 실어 나르는 운반부, 예배 시간에 아이들을 담당하는 교사 등이다. 학생 오십여 명에 필요한 요원은 거의 팔십 명 가까이 움직이는데 이 많은 인원은 성도들의 봉사로 이루어진다. 예배를 드리기 위해 모이는 아이들을 데려오는 일, 예배를 드리는 일, 집으로 데려가는 모든 일은 교회에서 책임진다.

내가 맡은 아이는 절반이 자폐증으로 초등학교 5학년 여학생이다. 사랑부에서 가장 양호한 편이다. 한글도 읽고 말도 제대로 알아듣는데 대화는 물론 교사나 상대방을 쳐다보는 일이 거의 없다. 돌출 행동을 잘하며 가만히 앉아 있지를 못한다. 친구 교제와 사회생활을 전혀 할 수 없으며 고집이 세다. 원활하게 말을 못하여 의사소통은 잘되지 않지만 노래와 춤추기를 잘하며 무대 서기를 좋아한다.

추수감사절, 성탄절, 축제일에는 교회에서 축하 공연이 열리는데 사랑부에서 특별 순서로 항상 참가하게 된다. 내가 맡은 아이가 양호한 편이라 해마다 선발된다. 한번은 아주 단순하고 간단한 곡으로 HAND BELL 연주를 하게 되었다. 학생은 앞에 서고 교사가 뒤에 서서 종을 함께 잡고 연습을 한다. 연습을 거듭해도 다른 아이들은 반응이 없어 거의 교사가 하게 된다. 내 아이는 한참 연습을 하다

보면 자기 차례가 되면 힘을 주어 같이 흔든다. 이 아이는 교육을 잘 받으면 서툴지만 앞으로 정상적인 생활을 할 수 있을 것 같은 기대가 되기도 한다.

사랑부에 오는 아이들 중에는 남매도 있고 형제도 있다. 그들의 부모님들은 아무 문제가 없는 정상인이다. 장애 원인은 남매의 부모는 정상인 부부지만 부부 혈액이 합해지면 비정상아가 태어난다는 기이한 일도 있다. 형제 장애아는 부모님의 호르몬 관계라니 안타깝기민 하나.

사랑부 아이들은 우리가 익히 알고 있듯이 부모님이 여간 고생이 아니다. 시간과 정성은 물론이고 경제적으로도 많은 힘이 들며 마음의 상처까지 입기도 한다. 그들의 형제에게까지 상처가 미치기도 한다. 요즘 부모님들은 다행스럽게도 은폐하면서 슬퍼하고만 있지 않고 당당하게 대처해 나간다. 희망을 가지고 아이들을 사랑하면서 적극적으로 가르치며 최선을 다한다. 그런 대단한 모습이 돋보이며 자랑스럽기까지 하다.

사랑부에서도 교육 차원은 못되지만 최선을 다하여 아이들을 돌보아 주려고 힘을 쓴다. 특수학교 교사로 재직하는 선생님이 교육을 총괄하여 움직인다. 교사들은 부모님에게 조금이라도 일손을 덜어 드리려고 격주로 학교에 등교하지 않는 토요일에는 체험 학습으로 아이들을 데리고 야외로 나간다. 고구마밭에 가서 직접 고구마도 캐고 어린이대공원에서 산에 오르기도 한다. 해운대 아쿠아리움에서 물고기 관람을 했으며 용두산공원에 갈 때는 지하철 타는 연습을 위해 직접 표를 구입하여 개찰구를 지나게 한다.

　여름 겨울 방학에는 이박 삼일로 CAMP도 간다. 경주는 물론이고 기장 예절학교, 청학동 수련원 등 다양한 프로그램에 참여한다. 비행기를 타고 제주도에도 다녀왔다. 그런 날이면 아이들 부모님들은 고맙게 여기며 가벼운 마음으로 가족여행을 떠나는 가정이 많다.

　말이 체험학습이지 아이들 외출 시에는 그야말로 요란하다. 휠체어는 물론이고 먹을 간식에 생수, 때로는 놀이 기구와 교회 마크가 새겨진 노란 조끼를 교사와 같이 입는다. 조끼를 절대 입지 않겠다는 아이가 있는가 하면 모두들 교사 한 사람씩 손을 잡고 움직여야 하는데 언제 달아났는지 눈 깜짝할 사이에 아이가 보이지 않는 일도 일어난다. 그런 일이 생기면 교사들은 내 아이 챙기랴, 없는 아이 찾으랴 그야말로 난리법석에 간이 콩알만 해진다.

　교회 버스를 이용할 때는 그래도 수월하다. 지하철이나 시내버스를 타게 되면 교사들의 마음은 긴장으로 살얼음판이 된다. 한 번은 지하철을 이용하여 용두산 공원에 갔다. 광복동에서 에스컬레이터를 타고 공원에 올라 주위를 둘러보고는 엘리베이터로 타워 전망대에 올랐다. 아이들은 신기해하며 돌아다니며 시내를 내려다보면서 즐거워했다. 광장으로 내려와 비둘기에게 모이를 준 후 벤치에서 간식을 먹으며 휴식을 취했다.

　돌아오려고 인원 점검을 하는데 조끼를 입지 않은 남자아이가 없어졌다. 남자 대원 세 명이 찾아 나섰다. 30분을 기다려도 감감무소식에 할 수 없이 우리는 교회로 돌아왔다. 걱정 속에서 식사를 하는데 남자 선생님들이 흩어져 찾아다니다 국제 시장에서 아이를 찾았다는 전화가 왔다. 우리는 너무 기뻐 손뼉을 치며 환호를 했다.

사랑부에서 모든 일을 총괄하는 대장 집사님은 부산에서 굴지의 기업을 경영하는 기업인이다. 그 바쁜 와중에도 틈만 나면 참석하여 아이들의 손을 잡고 걸으며 식사 대접을 하기도 한다. 고마운 일은 그뿐만이 아니다.

체험 학습으로 야외로 나갈 때는 몇 명의 남자 요원이 반드시 필요하다. 그때마다 시간에 쫓기는 대학생, 회사원들이지만 자기 시간에 맞추어 조를 만들어 참석한다. 우리들의 힘과 걱정을 덜어주며 동분서주하는 모습을 보면 고맙기도 하며 훌륭해 보인다. 그러나 우리의 이 일은 그들의 부모에 비하면 아무것도 아닐 것이다. 가족들이 아이를 위해 피나는 노력으로 고생하며 희생하는 모습에 가슴이 저려온다. 하나님의 은총으로 아이들의 앞길이 평탄하기만을 바랄 뿐이다.

■ 성지순례 편

이스라엘

　시내 산 등정으로 이집트 성지순례를 끝내고 수에즈 운하 터널을 거쳐 이스라엘로 향했다. 이집트와 이스라엘을 연결하는 국경에는 섭씨 40도를 오르내리는 사막의 열도 속에 숨을 쉴 수 없을 지경이었다. 그럼에도 국경선을 넘으려니 한기를 느낄 정도로 입국 절차가 까다로웠다. 섬뜩한 분위기로 우리 일행을 긴장 속으로 몰아넣었다. 지루한 기다림 속에 회원 몇 명의 가방 검사와 몸수색으로 국경선을 넘었다.
　한껏 얼어붙어 휘청거릴 것 같은 긴장감 속에서 이스라엘 첫발을 디뎠다. 마중 나온 선교사님의 느긋한 웃음에 안도의 숨을 쉬며 버스에 올랐다. 달리는 버스 속에서 긴장을 풀고 창밖을 바라보니 먼지투성이 이집트와 흡사한 메마른 광야였다. 풀 한 포기 나무 한 그루 없는 불그스름한 바위로 펼쳐진 광야를 보며 다윗 생각이 났다.

한참을 달리던 버스가 멈추며 내리란다. 이글거리는 태양은 우리를 삼킬 것 같아 두렵기도 했다. 길을 건너 언덕을 조금 오르니 미끈하게 우뚝 솟은 바위 앞에 섰다. 롯의 아내라며 "믿거나 말거나" 하는 안내자의 우스개에 "소금기둥" 중얼거리며 덩달아 웃음이 나왔다.

버스에 올라 달리는 도로 오른편에 꿈에 그리던 사해가 보인다. 천지가 메마르고 생물이라고는 찾아볼 수 없는 곳에서 넓은 호수를 보니 우선 숨통이 트이는 것 같았다. 뜨거운 태양열에 호수의 물이 말라지는 것 같아 어쩌다 이렇게 열악한 곳에 사해가 있나 하는 애처로운 생각이 들었다. 얼마나 물이 귀했으면 호수인 줄 알면서 주위 나라들이 바다라 부른다고 한다. 전라남북도만 한 작은 나라 이스라엘이 국토의 55%가 사막이라니 참 딱한 생각이 들었다.

다음 날 이스라엘 성지순례가 시작되었다. 이스라엘의 최북단 도시 델탄 피니아스 폭포 일명 우리가 말하는 골란 고원으로 갔다. 시리아와 6일 전쟁으로 점령한 이곳은 물의 근원지로 바위에서 물이 펑펑 세차게 솟아오르는 진풍경을 이루었다. 이스라엘의 젖줄이라고 하는 물의 근원지가 신기하기도 하며 이 지방에 많은 작물이 재배되어 곡창 지대를 이루고 있었다. 흐르는 물은 요단강을 거쳐 갈릴리 호수에 흘러들어 갈릴리에서 아래 요단강으로 흘러 사해로 들어간다고 한다. 물의 근원지 아래로 내려와 베드로의 신앙 고백 장소인 가이샤라 빌립보에 이르렀다. 주위를 둘러보며 베드로의 형상이 떠올라 얼떨떨하면서 꿈만 같았다.

오후에 마사다라는 산 정상에 케이블카를 타고 올라갔다. 유대인들이 로마군을 저항하기 위해 깎아 세운 것같이 가파른 산등성이에 물과 곡식을 준비하여 살아온 전쟁터였다. 사막과 같은 산에서 성을 쌓고 지하 물탱크를 만들고 곳간을 만들어 곡식을 저장하면서 어렵게 나라를 지킨 곳이라 한다. 유대인들의 끈질긴 민족성과 애국심을 느낄 수 있어 귀감이 되기도 했다. 현재 이스라엘의 교육 장소이기도 하여 많은 학생이 현장 답사를 하고 있었다.

베들레헴 예수님이 탄생하신 말구유에 갔다. 들뜬 마음은 구유를 보고 싶었지만 뜻밖에 큰 교회가 세워져 있었다. 예수님이 태어나신 그 자리에 그때의 모습을 재현해 두었으며 비스듬히 바로 앞에 동방 박사들의 예물 드린 곳을 보고는 온몸에 전율을 느끼며 숨이 막힐 지경이었다. 크리스마스를 맞아 성극을 했던 어린 시절이 생각났으며 지금에야 보게 된 것이 안타깝기까지 했다.

팔레스타인이 살고 있는 여리고성에 들어서서 지금도 많은 사람의 쉼터가 되어주고 있는 삭게오의 뽕나무를 보았다. 우람한 고목 나무 아래서 키가 작은 삭게오 생각에 웃음이 나왔다. 케이블카를 타고 예수님이 40일간 금식 기도를 드린 야트막한 산 중턱에 있는 굴에도 올라갔다. 우리 일행이 굴속에서 하룻밤 철야 기도를 했으면 하는 마음으로 할 말을 잊었다. 사탄에게 세 번이나 시험당한 언덕을 지나오며 예수님 생각으로 몇 번이나 뒤를 돌아보았다.

산 아래 자락에 엘리야의 샘물이 있다. 바위 속에서 많은 물이 펑펑 솟아 쉬지 않고 흐르는 맑은 물을 보았다. 물이 있어야 식물이 자라듯이 케이블카를 타고 아래로 내려다보니 많은 채소와 과수들의 농작물로 푸름이 펼쳐있었다. 땅이 비옥하고 물이 풍성한 여리고성이 이스라엘에서 가장 살기 좋은 곳이라고 한다. 시원함을 한껏 느끼며 아직도 기적이 계속되는 것을 보며 하나님의 영원하심을 깨닫게 된다.

다음 날 호텔을 출발하는 버스 안에서 오늘 여정은 나사렛이라는 안내자의 설명에 설렘과 들뜬 마음으로 벅차오른다. 먼저 예수님의 생가를 둘러보았다. 지하로 내려가며 요소요소에 성모 마리아의 숨결이 느껴져 옷매무시를 고치며 몸가짐이 추슬러졌다.

가나의 혼인 잔치 교회에서는 그 당시 포도주를 담았던 돌 항아리가 잘 보관되어 있었다. 어린 예수님과 어머니 마리아, 부친 요셉과 함께 그려진 초상화를 보며 요셉의 의인됨이 새삼스레 느껴졌다. 수없이 듣고 생각해 오던 성경 말씀을 이스라엘에서 직접 보고 느끼면서 우리에게 주는 감동은 말로는 표현할 수 없을 지경이었다. 때로는 놀라움과 감격 속에서 문득문득 환상일까 하는 착각을 일으키기도 했다.

골고다 언덕을 오르는 날이었다. 힘겹게 십자가를 지고 올라가시는 예수님 생각에 마음이 아파온다. 서글프고 겸허한 마음으로 골고다 언덕에 다다르니 언덕은 흔적도 없다. 중동인들의 시장으로 이루어져 가게가 즐비하게 늘어선 샛길로 언덕을 오르게 되어 있으며 예수님의 고난당한 14곳을 표지판으로만 새겨 두었다. 실망과 놀라움으로 어리둥절한 가운데 한쪽 편에 준비되어 있는 십자가를 직접 어깨에 메고 찬송가를 부르며 골고다 언덕길을 올랐다. 우리도 예수님의 십자가 지심을 재현해 보았다.

고난당한 예수님의 십자가를 생각하며 골고다 언덕에 다다르니 예수님의 무덤 교회가 있었다. 교회 입구에는 많은 순례자로 붐볐으며 줄을 따라 천천히 교회 안으로 들어섰다. 예수님을 십자가에 못 박아 세워진 그 자리를 직접 손으로 만져 보았다. 뭉클하며 눈물이 날 것 같았다. 그 좌우에 죄인들의 자리도 표시해 두었다.

정말 많은 것을 보았다. 기드온 골짜기에서 예루살렘성은 바라보기만 하여도 은혜였다. 예루살렘 성문을 거쳐 성 안에 들어서니 보는 것마다 성경에 나오는 말씀으로 꿈을 꾸는 것 같았다. 둥그런 돔에 금빛 찬란한 빛을 뿜는 예루살렘 성전, 눈먼 병자를 고쳐 준 베데스다 못 등 많은 것을 보고 성 밖을 나오니 하나님의 은총에 마음이 벅차올랐다. 오병이어 교회, 팔복 교회, 최후 만찬의 다락방, 주기도문 교회, 주님이 승천할 때 발자국이 새겨진 바위가 소장되어 있는 예수 승천교회, 겟세마네 동산, 기드온 골짜기, 풀 한 포기 나무 한 그루 없는 메마른 먼지투성이 광야, 사해의 무드 팩 체험 등 이루 다 열거할 수가 없다.

말만 들어도 가슴 벅찬 요단강에 갔다. 우리나라 시냇물보다 더

좁은 강폭에 물은 황토물이었다. 그러나 예수님이 세례를 받으셨던 그 자리에 서 있는 것 자체가 감동으로 말문이 막혔다. 요한에게 세례를 받던 영상이 눈앞에 어른거려 물속에 발을 내딛고 싶었다.

어려서부터 그렇게 많이 들었던 사 복음서의 이야기는 이천 년 전 인간으로 태어난 예수님의 행적이었다. 성경 말씀의 모든 기적과 이적을 행하셨던 자리에는 교회가 세워져 있지만 직접 보니 꿈만 같았다. 순방하는 교회마다 은혜요 감동으로 기도드리며 예수님 생각으로 눈시울이 젖을 때가 한두 번이 아니었다.

마지막으로 우리가 묵은 호텔은 가버나움 갈릴리 호숫가였다. 가버나움은 예수님이 살고 있는 집이 있으며 예수님이 활동하신 도시이다. 갈릴리 호수와 번갈아 다니시며 많은 이적을 행하신 곳이라 마음이 설렌다. 호텔 방 베란다 앞에는 고맙게도 갈릴리 호수가 펼쳐져 있었다. 잔잔한 푸른 물은 순례자의 피곤을 풀어 주며 갈릴리 호수에서 보낼 여정을 떠올려 본다. 예수님과 열두 제자의 생각으로 잔잔한 감동을 일으키기도 했다.

다음 날 배를 타고 갈릴리 호수를 두루 다니며 선상 예배를 드렸다. 호수 위로 예수님이 걸어오시는 것 같으며 베드로가 물에 넘어지는 모습이 보이는 듯 웃음이 나왔다. 점심 식사에는 베드로가 잡았던 갈릴리 호수 생선을 먹으며 이런 일도 있을 수 있구나 맛을 음미하면서 천천히 먹었다.

예수님의 행적을 따라 두루 순례하다 보니 나 자신이 이천 년 전으로 돌아가 그때의 군중 속으로 들어가는 것 같은 착각을 일으키기도 했다. 애틋한 마음으로 텔아비브 비행장으로 향하였다. 이스라엘 방문이 두 번째였으나 그래도 아쉬운 마음을 뒤로하고 비행기에 올랐다.

■ 성지순례 편

요르단

　요르단의 국경은 이스라엘과 인접해 있다. 국경을 들어서며 간장을 서늘하게 만들었던 이스라엘의 입국을 생각하며 전쟁으로 불안한 중동 국가라 두려움과 긴장감으로 따가운 날씨답지 않게 조금은 으스스한 기분이었다. 걱정과는 달리 요르단의 입국은 판이하게 달랐다. 요르단 세관 요원들은 명랑하며 유순한 것 같고 입국하는 수속도 쉽게 끝나 수월하게 국경선을 넘을 수 있었다.
　안내자 선교사님을 만나 버스에 올랐다. 요르단은 우리가 인식하고 있는 것과는 달리 평화롭고 조용한 나라라고 한다. 얼마 지나지 않아 바른쪽을 가리키며 유대인들이 홍해를 지나 출 애급한 후 40

년 광야 생활을 했던 곳이라는데 깜짝 놀라 고개를 빼어 바라보았다. 연이어 요르단에 대한 설명을 하기 위해 지도를 펴는데 남북으로 길게 생긴 요르단이 아래로부터 에돔, 모압, 암몬이라는 지명에 거듭 놀랐다. 모압이 이 나라 땅이라니 룻기서가 생각났다.

40년 광야 생활을 한 뒤 이스라엘로 향한 길이 지금 우리가 지나는 왕로라는 길을 따라가는 길이라고 한다. 왕로는 왕이 다니던 길이 아니라 옛날 거상들이 장사를 하며 낙타를 타고 다니던 길이란다. 전혀 생각지도 못한 암몬 땅을 밟으며 들뜬 마음을 가라앉히려고 애쓰는데 아론의 무덤도 있단다.

호기심과 더불어 나의 무지함을 느끼는 와중에 지팡이로 바위를 쳐 물이 솟아난 모세의 샘에 이르렀다. 물이 귀한 나라에 바위에서 물이 펑펑 솟아올랐다. 아무리 가물어도 이 샘물은 한 번도 마른 적이 없었다고 한다. 성경의 기적이 거의 삼천오백여 년이 지난 지금까지 계속되는 것에 신기해하며 호텔에 들어가 요르단 여정의 첫 밤을 맞았다.

성지순례는 여태껏 다녔던 외국 여행과는 달리 차별된 점이 많은 여행이다. 성경에 나오는 나라, 지명, 사건들이 일어난 곳이라 신기하기도 하며 감동을 주며 흥미로웠다. 나에게는 생소하고 멀기만 했던 요르단이 에돔, 모압, 암몬이라니 놀란 마음이 좀처럼 가라앉지 않았다. 뜬눈으로 밤을 새우며 들뜬 마음으로 아침을 맞았다. 날씨는 맑았으나 바람이 예사롭지가 않았다.

세계 7대 불가사의 중 하나이며 성경의 아라비아 지역인 페트라로 향했다. 페트라는 붉은 사암으로 이루어진 거대한 바위로 골짜기가 바위 틈새로 좁아졌다 넓어졌다 하는 길이 이어져 있다. 높지는 않으나 기암괴석으로 둘러싸인 페트라를 보며 입을 다물 수가 없다. 바위로 덮인 자연 터널을 지나다 보면 하늘이 보이는 넓은 길 앞에 암석 절벽이 가로막기도 한다. 아라비아 거상들이 낙타를 타고 다녔다는 바윗길은 끝이 없다. 물이 흐르는 수도관 역할을 할 수 있는 시설도 있으며 바위의 절묘함에 놀랄 따름이다.

골짜기를 지나 깊숙한 곳에 헬레니즘 양식의 엘키즈네 신전이 있었다. 엘키즈네 신전은 바위를 하나씩 깎아 세워진 것이 아니라 큰 암벽을 하나로 깎아 만들었으며 조각의 정교함과 바위의 웅장함에 놀라지 않을 수 없었다. 신전 주변에는 야외극장과 목욕탕 상수도 시설이 완벽하게 갖추어져 있으며 현대 도시 못지않다고 한다. 야외극장은 요즘도 국경일이나 특별한 프로그램이 있으면 공연을 한다고 하는 진기한 풍경이었다. 야외극장을 지나 낮은 언덕에 오르니 멀리 호르 산이 보였다. 산봉우리에 아론의 무덤인 장지가 보였으나 직접 가지는 못했다.

룻기 서에 나오는 모압 땅을 밟으며 꿈을 꾸듯 얼떨떨한 마음으로 사방을 두리번거린다. 모압 지방에 흉년이 들어 나오미가 홀로 된 두 자부를 데리고 고향 베들레헴으로 돌아갔던 그 길을 지나게 되었다. 미국의 그랜드캐니언과 비교한다는 아르논 골짜기는 풀 한 포기 없는 사암으로 이루어진 황량한 광야였다.

나오미는 아르논 험한 골짜기를 넘기 전에 자부들에게 고향으로 돌아가라고 권유했다. 아슬아슬한 곡예 같은 험난한 산길을 버스로도 힘겨웠는데 그들이 언덕을 넘었다니 고생이 이만저만이 아니었을 것이다. 나오미의 너그러운 마음을 헤아렸던 룻이었기에 다윗의 조상이 되지 않았나 하는 생각이 들기도 했다. 아르논 골짜기를 한눈으로 볼 수 있는 전망대에 올랐다. 눈앞에 펼쳐지는 협곡과 험한 골짜기는 어지럼증을 일으킬 정도로 아찔했다.

다음 날 암만 평지에서 느보 산에 올랐다. 신명기 마지막 34장은 모세의 죽음에 대한 기록이다. 40년 광야 생활의 마지막 장소인 느보 산에 올라 하나님은 모세에게 길르앗, 단까지 보이시고 유다 온 땅과 여리고 골짜기까지 보이셨다. 하나님이 말씀하시기를 아브라함의 후손에게 줄 약속한 땅이라고 하셨다. 너는 네 눈으로 그 땅을 볼 수는 있으나 들어가지는 못하리라 하셨다. 하나님의 말씀을 들으며 모세는 한번만이라도 그 땅을 밟아 보고 싶었을 것이다. 마음은 간절하지만 하나님의 말씀을 따를 수밖에 없었다. 나는 신명기를 읽을 때마다 모세의 큰 믿음을 생각했지만 직접 와서 멀지 않은 이스라엘을 바라보며 절규하는 모세의 모습을 보는 듯했다.

모세를 기념하기 위해 이스라엘을 가장 잘 바라볼 수 있는 느보 산 높은 곳에 놋 뱀 조형물을 세워 놓았다. 조형물 아래 서서 이스라엘을 바라보았다. 여호수아에게 하나님의 말씀을 침착하게 전하고 눈을 감은 모세 생각에 가슴이 저려 깊은 숨을 들이켰다. 놋 뱀을 뒤로하고 돌아오는 나의 발걸음은 놋 뱀이 내 머리를 잡아당기는 듯 흐느적거렸다. 언덕 아래 세워진 모세 기념 교회를 둘러보았다. 교회는 눈에 들어오지 않고 놋 뱀과 모세의 애틋한 마음뿐이었다.

　세례 요한이 감옥에 갇혔던 높은 언덕 싯딤에 올랐다. 석조 건물이 무너져 폐허가 되었지만 중후하였던 그 자취는 아직 남아 있었다. 요한이 갇혀있던 지하 감옥과 헤롯왕이 연회를 베풀며 요한의 머리를 소반에 담아 온 유서 깊은 곳이기도 하다. 전쟁으로 불안한 중동 지역의 하나로 여겼던 요르단에서 뜻하지 않은 성지를 두르며 놀라움과 큰 은혜를 받았다. 집으로 돌아가면 급히 성경을 읽어 보고 싶다.

2000년 밀레니엄을 맞으며

　서기 2000년 밀레니엄을 맞는다. 지구의 모든 나라가 들썩이며 60억 인구가 흥분 속에서 가슴 설레고 있다. 1999년이나 2000년이 무엇이 그렇게 대수롭다고 밀레니엄에 지구가 뜨겁다. 나 역시 막연하게 기대되기는 마찬가지다. 세기가 바뀌는 백년이 지나도 야단법석인데 천년이니 방대하기도 하다. 앞으로 펼쳐질 지구는 어떻게 발달하며 무슨 변화를 일으킬지 흥미롭기도 하거니와 미궁 속으로 빠져들기도 한다.
　세계의 역사는 예수 탄생 이전의 기원전(BC)의 오랜 역사도 있지만 기원후(AD) 1세기를 기점으로 두 번째 맞는 밀레니엄이다. 우리

나라는 삼국시대의 시작이었으며 이천년 이전의 BC 3000여 년의 역사를 가지고 있다. 서양 역사의 흐름이 복잡하였던 것같이 한국 역사의 변천도 굴곡이 많았다.

우리나라는 삼국시대를 거쳐 삼국 통일로 고려를 건국하였으며 조선 시대를 거쳐 대한민국이 탄생하면서 둘로 나뉘었다. 국토가 좁은 나라이면서도 이념적으로 분단되어 있다. 독일이 통일의 기적을 이루었을 때 우리는 많이도 부러워했다. 우리나라도 곧 통일이 이루어질 것 같은 희망을 품기도 했으며 통일이 되면 국토도 넓어지며 더욱더 힘 있는 나라가 될 것이라는 기대를 가지기도 한다.

밤이 깊어가지만 텔레비전에서는 2000년을 맞는 세계 모든 나라의 축하 공연이 펼쳐지고 있다. 제일 먼저 밀레니엄을 맞이하는 나라가 남태평양 섬나라 피지였다. 날짜 변경선에 가장 가깝게 접해 있을 뿐만 아니라 세계에서 환경오염이 없는 깨끗한 나라로 꼽혔다. 피지를 필두로 아시아 유럽을 둘러 아메리카 여러 나라의 신비 속에서 떠오르는 해를 보며 환희와 가슴 뿌듯한 행복감으로 가득 찼다.

나라마다 밀레니엄을 맞는 모습은 저들의 역사와 풍습에 따라 최선을 다하여 꾸며졌다. 표현 방법은 달라도 모두들 감사와 기쁨으로 세계 평화를 꿈꾸며 나라의 번영을 빌었다. 우리나라의 축하 공연을 보면서 자랑스럽고 넘쳐나는 자긍심으로 의젓해지기도 했다.

하나님이 창조하신 우주 만물은 아름답기 그지없었다. 신비롭기까지 한 지구가 과학의 발달로 많이 변하고 있다. 과학의 발달이 생활의 편리함을 가져다주는 동시에 자연의 파괴와 바다 오염을 일으켜 사람들의 생활에 불편을 주기도 한다. 지구는 메말라 가면서 거칠어져 인간 본성의 순수함을 지니는 것과는 반비례하는 것 같기도 하다. 조금은 부족하여 살기에 불편하더라도 아름다운 지구를 지켜가며 인간 본성을 잃지 않으며 살고 싶다.

우주 과학자들은 지구에 한하지 않고 우주 탐사를 나선지도 오래 전 일이다. 우주인들은 우주가 무척 아름답다고 말한다. 우주 과학자들은 생명체를 가진 것이 오직 지구만이라고 단정 지을 수 없다고도 하며 생물체를 갖고 있는 다른 위성도 있을 수 있음을 제시하고 있다. 놀랍고 허황된 이론인 것 같지만 우주선을 타고 직접 발을 딛고 탐색한 곳은 달밖에 없으니 어떤 이변이 있을지 알 수 없는 일이다.

우주 개발로 먼 훗날에는 지구를 떠나 다른 위성으로 이사를 할 수 있을 것이라는 엄청난 이야기가 가끔씩 들리기도 한다. 우주과학자들은 천체를 중심으로 꿈같은 이론을 조심스럽게 펼치며 밀레니엄을 맞고 있다. 우리에게는 전혀 있을 수 없을 것 같은 엉뚱하고 생소한 일이지만 과학자들의 우주 연구는 어느 정도인지 가늠할 수 없다. 3000년의 밀레니엄을 맞을 때는 지구의 황폐화로 사람들이 지구를 떠나 다른 위성으로 이사를 할지도 모를 일이다. 인간까지도 도태되는 이변이 일어날 수 있을지. 후손들의 삶이 어떻게 변할지 기대가 되면서도 참담한 생각이 들기도 한다.

밀레니엄 첫 새벽기도를 가까운 교회에서 드렸다. 특별 새벽기도로 다소 흥분된 마음으로 예배를 드렸다. 목사님의 강론은 밀레니엄 첫날을 맞아 하나님께 감사 영광을 돌리자는 내용이었다. 평범하게 살아온 내가 밀레니엄을 어떻게 맞아야 할지 들뜬 마음을 애써 억제시킨다.

집으로 돌아오는 광안리 해변 가에 밀레니엄의 해돋이를 보겠다는 사람들로 붐볐다. 나도 자리를 잡고 바다 건너 붉어오는 동쪽 하늘을 바라보았다. 구름이 약간 낀 하늘이라 찬란하게 떠오르는 빛나는 태양은 볼 수 없었으나 많은 사람의 환호와 박수갈채로 희망찬 밀레니엄의 아침을 맞았다. 연일 밀레니엄 방송을 접하면서 막연하게 미래를 꿈꾸었던 2000년이었다. 해맞이로 새벽을 열며 돌아오는 마음은 차분해지며 앞으로의 일을 생각해 본다.

내 생애에 밀레니엄을 맞는다는 것 자체가 영광이요 기쁨이다. 여태껏 밀레니엄이라는 단어를 알지도 못했으며 들어 보지도 않았다. 몇 년 전부터 2000년이 온다면서 밀레니엄을 맞게 되는 얘기가 매스컴으로 심심찮게 떠올리곤 했다. 회갑을 맞으며 밀레니엄을 맞게 되어 개인적으로도 뜻깊은 일이 아닐 수 없다. 앞으로 어떤 일이 일어날지 모르겠으나 오늘의 감격으로 좋은 일이 많을 것 같은 어처구니없는 예감이 들기도 한다.

세계적으로 바라기는 과학 발달의 공해로 인해 세계 곳곳에 엄청난 변화가 일어나며 동식물도 많이 사라지고 있다. 지구의 온난화로 바닷물이 불어나 침식되는 섬들도 있다. 자연에 기대어 살고 있는 그들은 엄밀히 말하면 선진국의 피해자일 수도 있다. 주위환경의 변화와 죽어가는 생물들이 그들의 생활에 불편함을 주기 때문이다. 잘 사는 나라는 과학의 발달에 매달려 결과적으로 지구를 더 황폐시키는 일이 없었으면 한다. 인류를 위해 지구를 되살리는 일에 몰두해 줬으면 하는 바람이다.

국가적으로는 남북이 통일되었으면 좋겠다. 같은 민족으로 크게 차별되게 사는 북한 사람들에게는 너무 억울하고 가혹한 일이다. 통일이 되어 그들도 우리와 같이 자유를 누리며 하나님을 믿어 구원을 얻고 소망 있는 생활을 했으면 한다.

가정적으로는 우리 가족은 믿음의 복을 많이 받았으며 하나님의 특별한 은혜로 모든 일에 형통함을 얻었다. 후손들이 하나님의 손길 아래 잘 자라 하나님의 큰 쓰임 받는 사람으로 자랐으면 한다. 그리하여 믿음의 뿌리가 내려 그리스도의 명문 가정을 이루기 바라며 기도드린다.

우주 과학자들이 지구의 미래를 어떻게 풀어나가든 나는 예수님의 재림을 믿는다. 예수님의 초림은 인류를 죄에서 구원하기 위해 오셔서 십자가의 피로 인류가 죄 사함을 받았다. 예수님의 재림은 심판의 하나님으로 오신다. 바람을 타고 오시듯 불현듯 오신다는 예수님은 산 자나 죽은 자를 심판하러 오신다. 재림을 기다리며 살아가는 나의 믿음 생활은 밀레니엄을 맞으며 변화를 모색해야 할 것 같다. 내 가족과 주변과 내 나라에 그쳤던 나의 기도가 지경을 넓혀야 될 것 같다.

예수님의 재림은 성도들에게 구원을 완성시키는 승리의 재림이다. 많은 사람이 정죄함을 받을 수 있도록 이끌어 주는 것이 구원받은 자가 해야 할 일이다. 그런 차원에서 전도에 힘쓰며 세계의 선교뿐만 아니라 이념을 달리하는 북한의 선교를 위한 더 크고 높은 기도를 드려야겠다. 소망 있는 생활로 재림의 예수님을 맞을 준비를 다짐하며 2000년 1월 1일 토요일 밀레니엄의 아침을 연다.

부활절에 부쳐

    오늘은 부활절이다. 예수님이 십자가에 못 박혀 죽으시고 사흘 만에 살아나심을 기념하는 날이다. 어릴 때는 예수님이 살아나셨다는 사건은 알았지만 죄 사함과 성육신의 깊은 진리는 깨닫지 못했다. 해가 갈수록 십자가의 진리와 사랑을 알고는 하나님께 감사드린다.
    종려 주일을 맞아 일주일간 한끼 금식하며 조용히 고난 주간을 지켰다. 지금껏 부족한 나를 지켜 주신 하나님께서 내 아이들까지 자녀로 키워주시고 소망 있는 가정으로 만들어 주셨다. 우리에게 은총을 내리심을 이미 알고 있지만 하나님의 특별한 사랑을 더욱 깊이 깨달았다.

　하나님의 진리에 대한 의심과 확신이 번복되는 고통 속에서 헤어나지 못하고 허우적거렸던 때도 있었다. 열등감인지 고민이었는지 불안감으로 안정을 찾지 못하고 두려움 속에서 살기도 했으며 나의 나 된 것이 죄 덩어리라는 뉘우침과 부끄러움으로 고개를 들 수 없어 자책하며 살기도 했다. 십자가의 피로 죄 사함을 받은 구원의 진리를 깨닫고 하나님께 매달리지 못하고 나의 지식과 의지로 해결하려고 애쓰며 언제나 마음이 공허했다. 바른 믿음 생활을 못하고 고뇌 속에 빠지기만 했다. 예배와 말씀 속에서 예수님의 십자가 보혈의 진리를 알고는 구원의 확고한 믿음을 얻어 괴로움 속에서 벗어날 수 있었다.

　육십여 년 동안 부전 교회에서 지루함과 갈등 없이 믿음 생활을 하게 하여 주신 하나님께 감사드린다. 부전 교회가 나의 분신같이 느껴지며 때로는 그 속에 빠져들기도 한다. 하나님이 계셔서 감사하며 부전 교회가 있어서 행복하다. 내게는 이보다 더 큰 은총이 어디 있겠으며 이토록 지켜주신 하나님의 사랑을 깨닫고 깊은 감사를 드린다.

　부활절 특별 새벽기도는 성령 충만 속에서 은혜롭게 예배를 드렸다. 그동안 성령이 메말랐던 것 같아 초조했던 믿음 생활이었다. 특별 새벽기도로 인해 성령으로 몸과 마음이 촉촉이 젖어 옴을 느끼기도 했다. 우리를 성령 충만함 속에서 하나님께 영광 돌리는 바른 믿음 생활을 할 수 있게끔 잘 이끌어 주신다. 하나님을 마음속에 품고 내 생활 전부가 하나님께 영광 드리는 생활되기를 바라며 간절히 기도를 드린다.

나는 사회인으로 한참 일할 수 있는 젊은이가 아니다. 나에게 주어진 의무와 책임을 마무리 짓고 있는 중이다. 세상일은 뒤로하고 전적으로 하나님께 귀의하고 싶다. 부전 교회의 영구 목표는 "감사하고 화목하고 충성하여 하나님을 영화롭게 하자"이다. 내 생활 전부가 하나님 중심으로 살아가기를 원한다. 믿음의 여유로움을 갖고 생활을 승화시키고 싶다. 하나님께 영광 돌리는 일에 힘을 쏟고 싶다. 그러나 안타깝게도 마음뿐이며 기초적인 믿음에서 벗어나지 못한다.

하루를 새벽 기도로 시작하는 것이 나의 큰 기쁨 중의 하나이다. 세상에 속한 모든 것을 뒤로하고 오로지 영의 세계에서 하나님과의 교제 시간이다. 감사와 겸손의 시간이며 행복을 누리는 시간이기도 하다. 기쁜 일이 있으면 제일 먼저 하나님께 감사드리며 급한 일이 생겨도 하나님을 찾는다. 무모하게도 때로는 억지를 부려도 하나님은 나를 긍휼히 여기시며 끌어안아 주신다. 이 모든 일이 새벽예배에서 하나님과 나만의 기도로 이루어진다.

부활절 감사 예배를 드렸다. 예수님의 성육신은 하나님께 아무리 감사를 드려도 갚을 수 없다. 우리 교회가 백년을 바라보며 비전 센터를 건축하려고 준비 중이다. 부산은 우리나라의 제2의 도시지만 인구가 점점 줄어든다고 한다. 시민들의 경제생활이 점점 열약해지며 성도들의 믿음 생활이 가장 빈약한 도시이기도 하다. 왕성하였던 산업체가 많이 사라져 젊은이의 일터가 줄어들었으며 노인화되어가는 도시로 기울어지고 있다. 더불어 기독교도 부흥은 고사하고 나약해지는 경향이라고 한다. 그러면서도 이단이 가장 번성한 도시이기도 하다.

부산 인구가 삼백만인데 구원받은 성도들이 겨우 삼십만이니 10%이다. 백만의 영혼 구원 목표를 세우고 부산의 천오백 교회가 기도와 전도로 힘쓰고 있다. 그 일환으로 부전 교회는 만 명의 성도와 오천 명의 주일학교를 목표 삼아 비전 센터를 건립하기로 했다.

성도 모두가 기쁜 마음으로 기도드리며 전도하고 최선을 다하여 헌금도 한다. 부전 교회는 역사가 80년 가까이 되어가지만 흔들림이 없는 조용한 교회이며 원로 목사님 두 분을 배출한 영광스런 교회다. 앞으로도 큰 부흥을 일으켜 한국에서 가장 건강하고 모범적인 교회로 부흥되었으면 하는 마음 간절하다.

요즈음 교회들이 성도 수만 늘려 큰 교회를 지으려고 한다. 순수한 믿음에서 구원의 사역을 위하면 어려울 것 없지만 사람의 욕망에 치우치면 위험한 일이 아닐 수 없다. 교회의 비대함에 힘을 실어 패싸움을 일으키기도 하여 세간에 이슈가 되기도 한다.

하나님께 드리는 예배도 시대의 흐름에 따라야겠지만 예배 중심이 아닌 젊은이의 스트레스 해소 장소로 만들지는 말아야 할 것이다. 예배 형식은 다소 변화가 있더라도 거룩하신 하나님, 성자 예수님의 부활 진리를 확실히 가르쳐 구원의 믿음을 가져야 할 것이다.

부전 교회는 전통과 보수를 존중하는 예배 중심의 교회이다. 백년을 향하는 부전의 모든 성도는 예배에 힘쓰며 전도에 힘을 기울이고 있다. 전도에 부족한 나도 한번 힘을 내어 보기로 한다. 부활의 감사와 소망의 기쁨을 누릴 수 있게 하여 주신 하나님께 감사드리며 오이코스 명단을 작성하기로 했다. 믿음 안에서 경건하게 살면서 이웃들에게 예수의 본이 되어 전도할 수 있는 능력을 가질 수 있도록 기도드린다.

■ 단기선교 편

캄보디아의 까만 눈

에스더 찬양대가 캄보디아행 비행기에 올랐다. 김석규 장로님이 선교하고 계시는 캄보디아 단기선교장으로 가기 위함이었다. 나는 베트남을 거쳐 앙코르 와트 관광을 이미 거친 상태여서 캄보디아가 그렇게 생소하지는 않았다. 교회 여러 부서에서 단기선교를 많이 떠났지만 나는 별로 관심을 두지 않았다. 그런 내가 정작 단기선교를 떠나게 되어 반신반의하는 마음을 갖고 막연하게 떠났다.

열대 지방인 캄보디아 시엠립 공항에 내리자 온탕 같은 열기로 무척 무더웠다. 그래도 날씨는 맑고 화창하여 기분은 상쾌했다. 국제공항이라고 하지만 규모가 아주 작은 공항에서 짐을 찾고 간단한 검사를 받고 나오니 장로님이 반갑게 맞아 주셨다. 미리 준비된 봉고차로 조그만 호텔에 도착하여 방을 배정받아 여장을 풀었다. 얼마 후 회원 모두가 한자리에 모여 예배를 드리고 일주일 동안의 일정에 대한 계획을 세우고는 간단한 호텔 식사를 마치고 잠자리에 들었다.

다음 날 선교 활동이 시작되었다. 6시 기상, 7시 예배를 드리고 8시 아침 식사 후 9시에 선교지로 떠났다. 캄보디아 수도는 프놈펜이며 우리 선교지는 세계에서 셋째로 크다는 강 같은 톤레삽 호숫가에 살고 있는 수상촌 빈민가였다.

찌는 더운 날씨에 자동차에서 내리자 아이들이 우리말로 "원 달러" 하면서 손을 내밀고 따라왔다. 얼마 멀지 않은 곳의 물 위에 나무다리가 걸쳐져 있는 판잣집이 있었다. 대구 어느 교회에서 세운 교회인데 김 장로님이 매주 목요일 침술 치료를 하신다는 곳이었다. 그 연고로 이 교회에서 사흘간 하나님 말씀을 전하기로 했다.

우리 일행을 따라 아이들이 모이기 시작했다. 아이들과 노래 부르고 율동을 곁들여 놀이를 하면서 즐거운 시간을 보냈다. 다른 한쪽에서는 미용실을 차려 머리를 짧게 자르고 다듬기도 하며 머리 손질을 했다. 재미있는 놀이 시간을 가진 후 예배를 드렸다. 정 목사님 강론을 장로님의 통역으로 아이들에게 하나님 진리 말씀을 전했다. 돌아가는 길에 과자와 학용품 선물을 주며 내일은 부모님과 함께 오라고 다짐했다.

호수 따라 주변에는 나무 판잣집들이 줄지어 끝이 없다. 물 위에 사는 사람들은 이웃 나라 베트남 국민들로 내전을 치를 때 전쟁을 피해 피난 온 사람들이라 한다. 전쟁이 끝나고 나라가 평정되어 캄보디아 정부로부터 고국으로 돌아가라는 통보를 받았다. 고국으로 돌아가려 하자 베트남에서는 받아 주지 않았다. 나라가 어려울 때 나라를 버렸으니 돌아올 필요가 없다는 이유였다. 고국으로 돌아가지도 못하고 호숫가에 이주하여 판잣집을 지어 난민 생활을 할 수밖에 없다고 한다. 많은 아이가 배우지도 못하고 헐벗은 채로 관광객들에게 거지 행세를 하며 어렵게 살아가고 있었다.

물 위의 난민 생활은 워낙 낙후하여 이루 말할 수 없는 빈민촌이다. 화장실도 없는가 하면 흙탕물 같은 호숫물에 몸도 씻고 빨래도 하며 식수까지 한다니 상상을 초월하는 비위생적 생활을 한다. 초등학교가 있긴 하는데 다니는 아이는 별로 없고 딱히 할 일이 없으니 검은 얼굴에 까만 눈을 반짝거리며 수없이 몰려들었다.

다음 날은 어린이와 어른들이 같이 모였다. 젊은 엄마들에 비해 노인들이 보이지 않는다. 이상하게 여겼더니 환경이 열악하여 평균 수명 60세를 넘길 수 없어 노인이 드물다고 한다. 거기에 비해 아이들이 많은 이유는 피임도 할 수 없으며 아이를 낳으면 형이나 언니들이 키운다고 한다. 조금 큰 애들은 대부분 어린 동생들을 옆에 끼고 다녔다. 오늘의 미용은 남녀 어른들에게 머리 손질을 했으며 예배를 드리며 하나님의 말씀을 전했다. 오후에는 넓은 공터에서 찬송 부르며 예수님의 사랑이라는 성극을 하고는 같이 놀이도 했다. 보물찾기를 하여 상품으로 과자도 나눠 주고 준비한 옷들을 나눠 주었다.
 마지막 날은 많은 사람이 장로님의 침술 치료를 받으며 점심 식사로 사랑을 나누었다. 은혜 충만한 예배를 드리며 선교를 마무리 지었다. 물 위의 사람들의 비참한 생활이 참담하기 짝이 없어 무엇을 어떻게 해야 할지 막연하기만 했다. 어떤 도움이 가장 효율적일까를 생각하며 발걸음이 떨어지지 않는다. 학교가 세워졌으니 우선 아이들을 가르치는 수밖에 없다. 저들이 하나님을 받아들이면 구원을 얻는 것 외에도 많은 발전이 있을 것이다.
 다른 아이와 구별되게 감색 원피스 차림으로 반듯하게 보이는 여자아이가 눈에 띄었다. 둘째 날 이 어린이가 조금 늦게 들어와 이유를 물으니 학교에서 온단다. 차림새뿐만 아니라 행동에도 다른 아이들과 차별화를 보였다. 저 아이가 하나님을 영접하고 열심히 공부하여 난민들의 지도자가 되었으면 하는 생각이 번개같이 스쳐 간다. 큰 믿음 안에서 배우기에 힘쓰고 그들의 권익을 위해 개척해 나가기를 바란다. 난민들을 구하는 에스더, 잔 다르크 같은 비범한 인물이 되었으면 하는 마음 간절하다.
 애틋한 마음을 안고 난민촌을 뒤로하고는 다음 날 장로님이 사시는 동네에 이미 세워진 조그만 천막 교회로 갔다. 캄보디아인이 예배드리는 교회인데 그곳에 거주하시는 분으로 전도사님이 계시고 두 분의 집사님도 계셨다. 먼저 교회 성도님들과 예배를 드렸다. 서로 인사를 나누고 삼삼오오 조를 짜서 가가호호 방문을 했다. 캄보디아는 무신교여서 기독교에 대한 거부감이 별로 없었다. 시골 사람답게 모두들 순진하고 무덤덤하게 우리를 맞아 주었다. 수도 프놈펜의 형편은 알 수 없으나 사람들의 순수함이 구원의 진리를 받을 수 있는 가능성이 보였다.

 더위가 사람을 무력하게 만드는 것 같다. 집집마다 사람들이 활달해 보이지 않고 축 처져 힘이 빠진 것같이 보였다. 편안함은 있는 것 같으나 생활은 매우 척박하게 보였고 느림의 생활을 하고 있었다. 우리가 지금 변화시킬 수 있는 능력은 없을 것 같다. 예수를 믿는 한국 사람들이 손수 준비해 온 반찬으로 주먹밥을 손으로 먹어가며 예수 믿고 구원 얻으라는 진리 말씀을 전한 기억을 잊지 말았으면 한다. 살아가면서 하나님이 교회로 인도하시기를 바랄 뿐이다.

■ 단기선교 편

몽골의 푸른 들

　단기선교로 몽골행 비행기를 타기 위해 인천 국제공항으로 향했다. 여름 방학 선교지로 왕충은 선교사님이 계시는 몽골로 결정되었다. 멀게만 여겨지는 몽골이었으나 지난번 캄보디아 단기선교에서 큰 성과를 거둔 것 같아 내린 결정이었다. 목재봉 목사님이 우리를 인솔하는 수고를 맡게 되었다.
　몽골이라면 대평원이 펼쳐진 초목 위에 겔이라는 특수한 집에 살면서 가축을 기르는 유목민이 생각난다. 말타기를 잘하며 칭기즈칸의 나라로 위로는 러시아와 아래로는 중국과 접해 있으며 바다가 없는 나라다. 우리와 이념을 달리한 나라로 아주 멀고 아득한 나라로 인식되어 있다. 현대 국가로 발전을 하였는지 아직도 말을 타고 초원을 달리는지 이어지는 호기심은 끝이 없다. 우리 민족은 몽고 반점을 갖고 태어나 동족이라고도 할 수 있다.

어느 나라보다 생소하기에 설렘과 기대를 갖고 몽골행 비행기에 올랐다. 출발을 하고 기내 식사를 받고도 그저 마음은 구름처럼 둥둥 떠 있고 들뜬 마음이 좀처럼 가라앉지 않는다. 비행기는 계속 날아 밤중에 몽골에 도착했다. 마중 나온 왕충은 선교사님과 몇몇의 젊은 청년들과 준비된 버스에 올랐다. 선교사님과 인사를 나누며 비행장을 벗어나자 사방이 너무 어둡고 길이 어찌나 울퉁불퉁한지 달리는 자동차에서 덩달아 몸이 들썩거려 정신을 차릴 수 없을 정도였다.

한참 만에 차를 멈추며 숙소에 도착했다며 안내자가 내리자고 한다. 불빛뿐만 아니라 달빛조차도 없는 캄캄한 어둠 속에서 우리는 어쩔 줄 몰라 멀뚱멀뚱 지체하고 있을 뿐이다. 옆 사람도 볼 수 없는 깜깜한 어둠속에 옴짝달싹도 할 수 없는 지경이다. 각자 준비한 손전등을 사용하라지만 큰 가방 속에 있으니 무용지물일 수밖에 없어 자동차 불빛에 의지해 차에서 내렸다. 모두들 초행길이라 돌부리에 채일까 몸 챙기랴 짐 챙기랴 가히 아수라장이 따로 없었다. 부산을 떠날 때 준비물 필수 조건에 손전등이 있더니 사정이 이럴 줄이야.

우리가 묵을 곳은 수도 울란바토르 주변에 있는 왕 선교사님이 목회하는 교회였다. 늦은 밤 도착한 교회는 아파트 지하에 세워졌으며 우리 일행은 예배실 뒤 공간 바닥에서 침낭으로 잠을 잤다. 다음 날 아침부터 준비한 프로그램을 진행했다.

몽골의 종교는 그의 무속신앙이라 기독교에 대한 거부 반응이 별로 없었다. 어른 아이 할 것 없이 모두가 내가 초등학교 다닐 때 모습 그대로 순진하기 그지없었다. 울란바토르 선교 일정은 4일간 진행되었다.

첫째 날은 아이들과 노래도 부르고 게임도 했다. 예수님 이야기를 들려주니 아이들의 눈이 유난히 맑고 반짝였다. 이 아이들로 인해 몽골의 구원 역사가 일어났으면 하는 간절한 마음이었다. 샛별 같은 눈으로 수줍은 웃음을 짓는 아이들에게 준비해 온 상품(학용품, 양말, 장갑)들을 고루고루 나누어 주었다.

둘째 날은 어른분들에게 손톱 손질을 해 주며 자녀들 머리도 깎아 주고는 찬송을 부르며 예배를 드렸다. 셋째 날은 조를 짜서 노상 전도로 많은 사람을 모이게 했다. 어른 아이 모두들 함께 예배를 드리고 한국 음식(불고기, 잡채, 김치)으로 대접하고 상품(양말, 장갑, 티셔츠, 바지)을 나눠 주었다. 몽골 부녀자들의 호기심 찬 눈은 순수했으며 부끄럼도 많았다. 남자 분들은 순한 양같이 조용했다. 예배 시간에 예수 이야기를 열심히 들으며 많은 관심을 보였다.

몽골의 경제, 문화는 크게 발달하지 못하여 생각한 것보다 훨씬 더 열악한 것 같았다. 사람들은 온순하고 친절했으며 이름 그대로 초원의 나라로 산업도 크게 발달하지 못했다. 국토에 비해 인구도 아주 적었으며 생산되는 기름도 없고 물조차 부족한 나라였다. 이런 와중에 교통이 발달할 수 없으며 국민들 자체가 칭기즈칸의 후예임을 자랑스럽게 여겨 말타기를 즐겨하는 것같이 보인다.

  울란바토르 교회에서의 선교를 마무리 짓고 다음 날 쉬핼림 마을로 이동했다. 자동차로 몇 시간을 달려도 마을이 보이지 않는다. 왕복 2차선 좁은 도로 양옆에는 비스듬한 산등성이에 큰 나무 한 그루 없는 푸른 초원으로 뒤덮여 있을 뿐이다. 몽골 초원에는 곳곳에 말과 양 떼들이 노니는 목장을 볼 수 있으며 이런 목장에는 어김없이 몽골 특유의 가옥 겔을 볼 수 있었다.

  4시간이 지나서야 조그만 마을이 눈에 띄었다. 좁고 한산한 식당에서 점심을 먹고 다시 목적지를 향해 떠났다. 어느 식당에서나 말 젖이라는 우유는 무료였으나 물은 어김없이 유료였다. 몽골의 으뜸 주부는 우유를 잘 만들어야 한단다. 나는 우유를 먹을 수 없었다. 4시간이 지난 후 목적지에 도착했다. 사방에 보이는 것은 지나가는 자동차도 몇 대 안되고 초원과 목장뿐이었다. 공기가 맑고 깨끗하여 그런지 노후된 자동차에 거의 열 시간 흔들려도 피곤을 느낄 수 없었다.

  우리가 도착한 마을은 아주 조그만 시골이었다. 제2의 교회를 세울 예정으로 되어 이미 토지 구입도 끝이 났다는 한적한 마을이었다. 마중 나온 사람들이 조금은 쑥스러운 얼굴에 수줍은 웃음을 띠운 모습에 피곤을 잊을 수 있었다. 예수를 믿는 집을 빌려 기거하기로 하고는 간단한 저녁을 먹었다. 다음 날 할 일을 의논하고 침낭에 의존해 비좁게 잠을 잤다.

어린이들에게 예수 이야기를 들려주고 율동을 곁들여 찬송을 가르치며 아침을 열었다. 찬송을 부르고 간절히 기도드리며 예배를 드렸다. 오후에는 머리 손질과 손톱에 매니큐어도 칠해주며 볼펜, 문구류, 양말을 나누며 즐거운 시간을 보냈다.

다음 날은 부녀자들을 모아 예배드리고 김치 담그기 체험 학습을 했다. 김치에 관심을 갖고 많은 사람이 모였으며 김치 담그기 실습과 강의에 필기를 하는 열성을 보이기도 했다. 양을 두 마리 잡아 그들의 요리법으로 담근 김치와 함께 동네잔치를 베풀었다. 떠나온 나흘째 이른 새벽에 교회 예정지에 모여 땅 밟기 예배를 드리며 몽골을 위해 무릎 꿇고 간절한 기도를 드렸다. 예수 사랑과 기쁨으로 삼일 간의 여정을 마치고 아쉬운 마음을 뒤로한 채 울란바토르로 돌아왔다.

다음 날은 몽골의 국경일이었다. 우리나라 개천절과 버금가는 날로 공설운동장에서 축하 행사가 있었다. 몽골은 정말 이상한 나라였다. 체류하고 있는 외국인은 행사장의 입장권을 구입해야만 자동차를 움직일 수 있는 운행권을 발부해 준다고 한다. 그나마 국내인 입장권은 천 원이면 외국인은 오천 원이었으며 호텔 요금도 국내인은 만 원이면 외국인은 사만 원 정도라고 한다. 이유인즉 몽골 화폐 가치가 워낙 낮아 그렇게 받아도 외국인은 부담이 없다는 그들만의 경제 원칙이었다. 우리 일행도 할 수 없이 시골에 가기 전에 입장권을 구입했다.

행사 운동장에는 구경꾼들로 많이 붐볐다. 서양인도 제법 많았고 한국인 단체도 꽤 많은데 놀라웠다. 경기 내용은 조금은 초라해 보였으며 외국인들은 행사가 끝나기 전에 거의 자리를 떴다. 공식적인 행사 진행 후 가장행렬, 말타기, 활쏘기 경기를 하는데 다소 어수선하기까지 했다.

장거리 말타기 경기가 있어 행사 후 귀착점으로 갔다. 넓은 초원지대로 많은 사람이 붐비고 있었다. 몽골은 비스듬한 언덕바지 초원지대가 많았다. 부럽기도 했으나 물이 부족하여 큰 나무들이 살 수 없다고 한다. 일 년 강수량이 50mm도 채 안 되는 아주 물이 부족한 나라였으나 땅은 비옥하여 어디에나 푸르고 언덕은 초원으로 덮여 있다. 겹겹이 늘어선 관중들 틈에서 박수 소리가 요란하다. 아주 어린 기수가 멀리서 전력을 다하여 말을 달렸다. 기수들은 몸이 가벼운 어린아이들이었다. 박수치며 환호하는 관중들을 보니 영락없는 칭기즈칸의 후예들이다.

오후에는 설렘의 마음을 안고 수도 울란바토르 시내 관광에 나섰다. 국회 의사당이 있고 시청도 있는 수도 중심지 광장 정면에 칭기즈칸의 동상이 있었다. 관청의 규모에 비해 동상이 너무 거대하여 이 나라는 어디를 가나 말과 칭기즈칸만이 존재하는 것 같았다. 몽골은 아직도 사람이 살기가 너무 척박한 곳이며 남북 강대국의 침략이 많아 국토도 많이 줄어들어 측은함과 안쓰러운 마음이 들었다. 시내를 한눈에 볼 수 있다는 높은 산 공원으로 올라갔다. 아래로 내려다보이는 울란바토르는 세계의 수도와는 전혀 다른 아주 한산한 도시였다.

오후에 교회에 돌아와 내일 떠날 준비를 할까 하는데 선교사님이 여기서 몇 시간 자동차로 가면 공원이 있단다. 고원 지대라 별이 많이 뜨고 하늘과 맞닿는 느낌이 드는 곳이라 외국인이 무척 좋아하는 곳이란다. 내심으로 은하수를 볼 수 있겠네, 혹시 별을 헤는 밤이 될까 하는 기대감으로 우리 일행은 일박이일의 여정으로 길을 떠났다.

4시간이 지난 후 도착하니 벌써 사방이 어두워져 낯선 곳이라 자유스럽지 못했다. 자세히는 모르겠으나 주변에 목장에서 많이 본 겔이 비스듬하게 군락을 이루고 있었다. 하늘에는 별이 보이지 않았다. 유감스럽게도 날씨가 흐려 별이 뜨지 않았다.

실망감으로 허탈해지려고 했으나 겔이라는 몽골의 전통 가옥에서 밤을 지낸다는 기대감으로 발걸음을 옮겼다. 들뜬 기분에서 잠을 자고 새벽에 밖으로 나와 주위를 둘러보니 뒤로 야트막한 산이 있고 우리가 잠을 잔 겔의 군락지는 산 중턱이었다. 삼삼오오 짝을 지어 상큼한 공기를 마시며 기도드리러 정상에 올랐다. 큰 나무들이 없으면서도 사방이 깨끗했음인지 하늘과 맞닿은 것 같이 느껴졌다. 몽골의 장래와 기독교 전파를 위해 모두들 한마음으로 기도를 드렸다. 숙소에 모여 준비해 온 빵으로 아침 식사를 대신하는데 식사 후 말타기를 한단다.

모두들 호기심으로 놀란 가슴을 안고 잘생긴 말들이 줄을 지어 기다리는 말죽거리로 향했다. 올망졸망한 어린 마부들의 도움으로 다소 두렵긴 했으나 즐겁게 초원을 달렸다. 산도 넘고 우리나라 실

개천 같은 강을 건너며 몽골의 정취를 마음껏 누렸다. 동구 밖에서 순전하고 수줍어하는 아낙네들과 어머니의 치마꼬리를 잡고 호기심에 가득 찬 눈으로 빤히 바라보는 초롱초롱한 아이들을 뒤로하고 아쉬운 마음으로 돌아왔다.

어느 토요일 오후 4

파이프 오르간이 있는 성당

　서울 목동 아파트 5단지 중앙에 파리 공원이 있다. 공원이라지만 도심지 아파트 속의 녹색 지대인지라 조그만 동네 쉼터 정도의 작은 공간이다. 그래도 인근 주민들이 공원을 아끼고 잘 가꾸며 즐겁게 이용하는 것 같다.
　주말 오후가 되면 부모님과 배드민턴을 치려는 어린이가 모여든다. 중고 학생들은 한쪽 편에 마련된 농구 골대에서 요란하게 농구를 한다. 곳곳에 널려 있는 벤치에는 데이트를 즐기는 청춘들도 눈에 띄며 운동 기구가 마련된 숲 속은 노인들이 몸을 풀면서 저마다의 휴식처로 변한다. 나는 여기저기를 기웃거리며 운동 겸 산책을 한다.

  어느 날 오후 공원을 산책하던 중 성당이 눈에 띄었다. 동쪽 큰길 건너 코너에 크지도 작지도 않은 성당이 기품 있게 자리 잡고 있었다. 자주색 벽돌 외관이 웅장하지도 화려하지도 않으면서 안정감이 있고 잔잔한 멋을 풍겼다. 조금은 오래된 건물이고 고전적인 양식으로 지어진 성당은 공원의 우거진 나무와 꽃들과도 잘 어울려 건물 외형만으로도 마음의 안식처를 만들어 주었다.

  성당으로 인해 마음이 깨끗해 옴을 느끼며 걸음을 멈추었다. 미미하게 스며드는 감동으로 주변에 마련된 벤치에 앉았다. 한참 바라보다 슬그머니 일어나 성당으로 발걸음을 옮겼다. 예배실은 2층이었다. 근엄하고 엄숙함이 가득 찬 예배실로 들어가 텅 빈 뒷좌석에 앉았다. 눈을 감고 기도를 드렸다. 눈을 떠보니 사방이 잿빛 벽돌로 둘러져 있으며 전체적으로 둥근 아치형으로 꾸며진 내부는 스테인드글라스와 잘 어울려 클래식하고 고풍스러움이 물씬 풍긴다.

  오른쪽 벽에는 오르간 파이프가 장엄하게 설치되어 있었다. 장대하게 쭉쭉 뻗은 파이프를 보고 오르간을 찾아 사방으로 돌아보았으나 오르간은 발견하지 못했다. 흥분으로 두근거리는 가슴을 안고 누가 없나 하고 주위를 살폈으나 정막만이 흐르고 조용함뿐이었다. 집에 돌아와 생활하면서 얼마간 목동 성당과 파이프 오르간은 잊고 있었다.

  내가 보는 일간 신문에 서울 시내 특별하게 지어진 공공건물을 연재하고 있었다. 공교롭게도 그날에는 목동 성당에 대한 기사가 실려 있었다. 내가 본 성당인가 하며 글을 읽었다. 건물의 외부적인 내용은 간단하게 언급한 반면에 성당의 진가는 파이프 오르간에 있었다. 놀랍고 신기했던 파이프 오르간이 그날의 중심 기사였다. 나는 악기에 대해서는 잘 알 수 없지만 성당에 설치된 파이프의 크기와 수가 무척 많다고 했다. 우리나라에서 이렇게 규모가 큰 오르간이 처음이라 설치할 수 있는 기술자가 드물어 설치하는데 무척 힘들었다는 내용이었다.

힘들게 설치를 하고 나니 오르간을 반주할 연주자가 없었다고 한다. 성당에서는 여러 방면으로 반주자를 찾았으나 구할 수 없었다. 할 수 없이 성당 오르간 반주자가 파이프오르간 연주 수학 차 독일에 유학중이었는데 공부도 끝나지 않은 와중에 불러들여 반주하게 되었다고 한다. 파이프 오르간은 성가곡에서 많이 연주되어 교회나 성당에서 필요로 하며 우리나라 어디에서도 파이프 오르간을 거의 볼 수 없었다.

나는 그 글을 읽고 오르간 소리가 듣고 싶었다. 지난여름 서울 갔을 때 혹시나 하고 토요일 오후 산책을 하면서 성당을 찾았다. 위층 예배실에 있는 오르간에는 열쇠가 채워졌으며 벽면에 설치된 파이프만 볼 수 있었다. 성당 규모에 비해 파이프의 웅장함에 의아함과 뭉클함을 느끼며 주일 예배 드리며 오르간 소리를 듣기로 마음먹었다.

주일 예배를 드리기 위해 교회 대신 성당으로 갔다. 오르간을 보기 위해 일부러 위층 예배실로 올라갔다. 오르간을 잘 볼 수 있게끔 오르간 바로 앞 사선으로 자리를 잡았다. 예배 시간이 가까워지자 얼마간 남아있던 빈자리가 꽉 메워졌다. 말쑥한 차림으로 조용히 들어서는 성도들은 목동 성당과 버금가게 하나같이 차분하고 경건해 보였다.

반주자가 들어와 열쇠로 오르간 뚜껑을 열었다. 두근거리는 가슴을 억누르며 몇 층으로 이루어진 건반을 보자 정수리까지 찌릿해 옴을 느꼈다. 반주자와 오르간 건반에 눈을 떼지 못하고 번갈아 바라보는 동안 예배시간이 되었다. 오르간 반주에 맞추어 묵상 기도로 예배가 시작되었다.

처음 들어 보는 오르간의 경건하고 맑은 소리에 눈시울이 젖어들 것 같다. 악기 중 자연 소리와 가장 가깝다는 명성답게 매우 맑고 부드러우며 조용하고 깊이 있는 소리가 온몸을 적시듯 스며들어 온다. 누추한 마음이 온유해지듯 깨끗하고 맑아졌다. 오르간 소리가 넓게 사방으로 퍼지며 성당의 모든 것이 경건과 거룩함만이 존재하는 것 같다. 묵상 드리는 성도들도 경건해지는 듯 조용하기 그지없다. 공기까지 거룩한 것 같아 숨소리가 들릴까 깊은숨을 쉴 수 없을 지경이었다.

찬송을 부르는 순서다. 나는 교회에서 예배드릴 때 경배 찬송을 크게 부르며 하나님께 영광을 올린다. 파이프 오르간 반주에 찬송을 부르니 목소리가 나지 않는다. 은은하게 울려 퍼지는 오르간 소리에 찬송을 마음껏 부를 수 없었다. 소리 내어 찬송을 부르고 싶은데 밖으로 흘러나오지 않는다. 성도들도 소리를 낮춰 조용히 찬송을 부른다. 바르게 앉아 경건하게 찬송 부르는 성도들의 모습까지도 거룩해 보인다. 청아한 오르간 소리에 거친 목소리로 크게 찬송을 부를 수 없음을 느꼈다.

찬양대의 찬양은 큰 은혜였다. 반주가 흘러나오자 전율을 느낄 정도로 반주 자체가 은혜였다. 어디에서도 들어보지 못한 맑고 깊은 깨끗함이 천상의 노래같이 들린다. 찬양대의 찬양도 오르간의 음률과 조화를 이루어 부드럽고 곱게 부른다. 화음이 잘된 찬양은 한목소리같이 은혜롭고 은은하다. 조용하면서 경건하게 부르는 찬양은 파이프 오르간 소리와 잘 어울려 거룩하게 하늘로 올라간다.

파이프 오르간은 모든 악함을 몰아내듯 소리의 잡다함을 파이프로 걸러 내고 순수함만을 담아내는 것 같다. 어떤 악기에서도 들을 수 없는 맑고 그윽함이 신비스럽기까지 하다. 예배를 드리고 돌아오는 발걸음이 흐느적거려진다. 오르간 소리가 마음속 깊은 곳에서 누르는 듯 온몸에 젖어 있다.

안녕하세요, 신부님

　친구의 딸이 CD 음반 두 장을 선물했다. 한 장은 ARVO PART 아래 작은 글씨로 Alina라고 적혀 있으며 다른 한 장은 LAMBARENA 아래 Bach to Africa가 적혀 있다. 표지도 특별나고 음악도 생소한 것 같아 우선 LAMBARENA를 들어 보았다.
　첫 음에서도 느낄 수 있는 아프리카 소년의 청량한 노랫소리가 나오는가 싶더니 아카펠라로 소년들의 합창이 힘차게 이어지면서 그들 특유의 두드리는 타악기에 맞추어 경쾌하고 강렬한 음악이 흘러나온다. 이태석 신부님을 기리는 음악인가 했다.
　아프리카를 돕기 위한 원조 단체가 지구 상에 여러 종류가 있다.

우리나라에서도 기아에 허덕이는 아프리카 어린이들을 위한 UN 구호 기구인 UNICEF를 공개적으로 광고하면서 기금을 모으기도 한다. 그런가 하면 공인(탤런트, 배우, 정치인)들도 아프리카를 돕기 위해 여러 차례 현지로 떠난다. 교회, 성당에서도 단기선교로 또는 의료 봉사 등으로 떠나며 직장이나 시민 단체에서도 기금을 모아 보내는가 하면 직접 현지에 가서 봉사 활동을 하기도 한다.

우리나라에서 가장 이례적인 아프리카 선교 활동으로는 천주교 이태석 신부님일 것이다. 일 년 전 어느 날 아침 TV에서 후덕한 부인이 한 분 앉아 계시고 여러 사람들이 좌담을 나누는데 자막으로 영상을 보여줬다. 아프리카 아이들과 어른들 틈에 교사나 의사 같은 한국 청년 한 분의 활짝 웃는 얼굴이 클로즈업되었다. 이태석 신부님의 의료 선교 활동과 죽음에 이르기까지의 내용이 소개되었다. 나는 뜻밖의 소식에 놀랐으며 슬픔을 참으며 앉아 계시는 분은 신부님의 어머니셨다.

신부님은 의과 대학을 졸업하고 군의관을 마친 후 사제의 길을 걷기로 마음먹고 가톨릭 대학 신학과에 다시 입학을 했다. 졸업 후 신부 서품을 받고는 불모지와 다름없는 아프리카 수단의 톤즈라는 시골에 선교사로 갔다. 톤즈에 정착하여 2003~2010년까지 헌신적으로 봉사하고 48세의 젊은 나이로 소천하셨다.

톤즈는 수단의 시골 마을로 사람 살기가 척박한 곳이었다. 전기 수도가 없어 썩은 물을 먹고 말라리아 병에 걸리는 일이 다반사였다. 신부님은 태양열을 이용하여 전기를 일으키는 시설을 설치했다. 거기서 얻어지는 전기를 공급 받아 물을 정수하여 식수로 사용했으며 병원을 설립하고 학교도 지었다. 브레드 밴드를 결성하여 직접 음악을 가르치고 밴드 단원들에게 제복을 지어 입혔다.

톤즈에는 열악한 환경에서 일어나는 한센병을 앓는 사람이 많았다. 병원에서 치료하면서 한센병으로 발이 썩어 들어가 뭉개진 환자에게 일일이 발의 치수를 직접 재어 각자 발에 맞는 특수 신발을 지어 신겼다. 병의 예방에 대한 방법을 일깨워 주면서 더 나은 환경에서 살 수 있는 터전을 마련하기도 했다. 밤잠은 물론이고 식사도 챙기지 않은 채 모든 고된 일을 혼자 책임지고 이끌어 가면서도 항상 활짝 웃는 모습이었다.

암에 감염된 몸으로 휴가차 잠깐 한국에 들어와 수술을 받고는 곧 톤즈로 돌아가겠다는 것을 극구 말려 치료를 받으며 회복을 기다렸다. 그 와중에도 부족한 자금을 모금하기 위해 강연을 다녔으며 연일 쉬지 않고 일하시다 결국 운명하셨다. 톤즈로 돌아오기를 애타게 기다렸으나 돌아오지 않은 신부님을 생각하며 톤즈 사람들이 눈물로 애도하는 모습으로 방송을 끝맺음 지었다. 출연자들도 시청자들도 좀처럼 울지 않는다는 톤즈 사람들 모두 눈물을 흘렸다. 나는 이태석 신부님을 전혀 알지 못하였기에 깊은 감동과 애석한 마음으로 넋을 잃은 채 그대로 앉아 있었다.

그 후로 이태석 신부님의 의료 활동과 깊은 사랑의 이야기가 여러 번 신문과 방송에 소개되면서 국민 모두가 마음 아파했다. 진실한 성품에 짧은 생애가 아깝고 시간이 흐를수록 애틋해지며 마음이 저려왔다. 한해가 지나도 많은 사람이 신부님에 대한 애절한 마음이 지워지지 않았으며 추모하는 마음이 이어졌다.

신부님을 기리기 위해 '울지 마 톤즈'라는 영화도 만들어졌으며 신부님 모교인 고등학교에서는 동상을 세워 제막식을 올리기도 했다. 열정적으로 밴드를 가르치고 단원들에게 제복을 만들어 입히고는 기쁨을 감추지 못해 아이들과 함께 환한 웃음을 지으시던 신부님이었다. 눈물을 찍어 내시면서도 의연하셨던 그의 어머님을 생각하며 이태석 신부님을 마음에 새겨 왔다.

Lambarena는 아프리카 전통 음악과 바흐의 경건하고 겸허한 클래식 음악이 접목된 색다른 음악으로 감동이 왔다. 강렬하면서도 슬픈 것 같으며 허전한 듯 묘한 매력을 느끼며 이태석 신부님을 기리는 음악인 줄 알고는 마음에 새기며 들었다. 신부님을 추모하는 음악이라 고마워하면서 아프리카 음악에 바흐 음악이 접목된 것을 의아하게 여겨 해설을 찾아보았다.

Lambarena는 슈바이처가 아프리카 가봉의 람바레나 지방에서 경영하던 병원 이름이라고 한다. 람바레나 지방 전통 음악과 바흐 고전 음악의 조화를 시도한 독창적인 작곡으로 1994년에 공개된 창작곡이라 한다. 슈바이처가 바흐 음악을 좋아할 뿐만 아니라 조예도 깊어 프랑스 작곡가 위그 드 쿠르종이 작곡을 하여 슈바이처 박사에게 헌정한 교향곡이라고 한다.

대학 다닐 때 서점에서 책을 고르다 앨버트 슈바이처의 생애란 책이 눈에 들어왔다. 슈바이처를 알지도 못했으며 이름도 들은 일이 없어 현대 예술가인가 하고 호기심으로 책을 뽑았다. 제목 아래 작은 글씨로 아프리카를 사랑한 슈바이처라고 적혀 있었다. 구입한 몇 권의 책들 속에 먼저 슈바이처를 읽었다. 독일인 의사로 아프리카 가봉에서 의료 봉사를 하고 있었다. 파이프 오르가니스트로 병원에 재정이 부족하면 유럽이나 미국에서 오르간 독주회와 강연회로 자금을 마련하여 병원을 운영하기도 한다고 했다.

슈바이처는 아프리카 의사 생활에 밤낮이 없을 정도로 열심히 일했다. 학식과 인격을 갖춘 유럽인이 아프리카인을 동등한 인격체로 인정하면서 몸과 마음을 다 바쳤다. 1952년에 노벨 평화상을 받았으며 그 당시에도 아프리카에서 의사 생활을 하고 있음을 알았으며 1965년에 서거하셨다.

슈바이처에게 바치는 음악이라니 가슴이 찡해 온다. 이태석 신부님이 슈바이처보다 뒤질 것이 조금도 없다. 높은 봉사 정신을 비교 저울질하는 것이 아니고 의사로 신부님으로 음악인으로 교사로 어디든 손닿는 대로 부딪치며 일했다. 신부님의 순수한 성품과 사랑으로 이룬 다양한 업적은 누구보다도 위대하다. 가족도 없이 단신으로 건너가 몸을 돌보지 않은 신부님의 희생과 노력은 무엇에도 비교할 수 없을 정도이다. 건강한 몸으로 건너가 몸과 마음이 쇠진하기까지 어느 것 하나도 남기지 않은 채 48세라는 아까운 생애를 마쳤다.

신부님을 추모하고 애타는 마음으로 '울지 마 톤즈'라는 영화에 오페라도 나왔다. 성급하게 서둘지 말고 후세에 길이 남을 신부님께 바치는 교향곡, 오페라, 뮤지컬, 문학, 그림에 이르기까지 슈바이처와 버금가는 예술품을 만들어 하늘나라에 계시는 신부님께 헌정했으면 하는 바람이다. 이보다 더 고귀한 사랑과 숭고한 정신을 어디에서 찾아볼 수 있겠는가. 수술을 받은 후 회색 모자를 쓰고 해맑은 웃음을 웃으시는 신부님의 모습이 다가온다.

음률의 감동

슈베르트의 '미완성 교향곡'이 흘러나온다. 현악기의 가장 저음인 곤드라 베이스가 온 집안에 천천히 낮게 울리며 조용한 아침을 부드럽게 만든다. 깊은숨을 들이시며 차분해지는가 하면 목관 악기가 호소하듯 맑고 가볍게 흐른다. 잔잔한 선율이 애절함을 느끼게 한다. 이 곡은 여느 다른 교향곡과는 달리 2악장으로 구성된 교향곡이다.

나는 음악의 전공자도 아니요, 음악을 특별히 공부한 일도 없다. 조예가 깊은 것은 더더욱 아니다. 그저 듣기를 좋아하고 가까이할 뿐이다. 내가 가깝게 접하는 음악들은 쉽고 아주 보편적인 곡들이다. 누구나 일상생활에서 즐겨 듣고 애창하는 곡들로 때로는 이러한 음악들이 생활의 전부인 양 여겨질 때도 있다. 음악이 있다는 그 자체가 고마울 따름이다.

　나의 어린 시절 우리나라는 지금처럼 잘사는 나라가 아니었다. 매스컴이라고는 몇 집 건너 라디오 정도였으니 노래라고는 학교에서 배운 동요가 전부였다. 그래도 친구들과 뛰어놀거나 별이 총총한 달밤에 동구 밖에서 목청껏 노래를 부르며 즐거워했다.

　서양 음악을 처음으로 접한 것은 중학교 음악 시간이었다. 외국 민요와 세레나데를 배우면서 새롭기도 하고 얼마나 재미있었던지 설레는 마음으로 많이도 부르며 뽐내기도 했다. 2학년 어느 날 '슈베르트의 미완성 교향악'이라는 영화를 학교에서 단체로 관람했다. 처음으로 Symphony Orchestra 연주 광경을 보았다. 많은 악기들이 모여 연주하는 교향악단을, 연미복을 입고 지휘하는 연주자를, 놀라움과 감명 깊게 보았던 일이 생각난다.

　슈베르트가 연미복을 입고 피아노를 연주하는 모습도 보았다. 작곡가 슈베르트는 어느 귀족의 청탁을 받아 자작곡을 발표하게 되었다. 궁핍하였던 작곡자는 피아노 연주를 위해 입을 연미복이 없었다. 준비하지 못한 연미복을 세탁소에서 빌려 입었다. 시간에 쫓겨 빌린 연미복에 붙어 있는 접수표를 떼지 못한 채 바쁘게 공연장으로 갔다. 공연장이라지만 삼십 명 정도의 신사 숙녀들이 모여 있는 어느 귀족의 호화로운 저택이었다. 슈베르트가 들어서자 손님들이 인사를 하고는 넓은 거실에 자리를 잡고 앉았다.

　피아노 연주가 시작되었다. 연주장은 감미로운 피아노 소리로 흘러넘쳤고 청중들은 제각각 음악에 심취해 있었다. 연주자는 음률에 맞춰 몸을 움직이며 심혈을 기울여 피아노를 연주한다. 세탁소 꼬리표도 등 뒤에서 리듬에 맞춰 춤을 추었다.

연주가 무르익어 아름다운 선율이 흘러넘치는 피아노 소리뿐인 조용한 연주장에 갑자기 날카로운 여자의 웃음소리가 터져 나왔다. 귀족의 딸이 흔들거리는 꼬리표를 보았던 것이다. 피아노 연주에 도취되어 숨도 크게 쉬지 못하는 청중들은 영문도 모른 채 웃음소리가 그칠 것을 기다리며, 연주자는 더욱 심혈을 기울여 피아노를 두드린다. 그에 따라 꼬리표는 더욱 세차게 흔들렸으며 여자의 터진 웃음은 악신에 홀린 듯 굉음으로 변하며 그칠 줄을 몰랐다. 신들린 듯 몸을 흔들어 젖히며 악을 쓰는 광란의 웃음소리는 연주장을 찢어놓을 것 같았다.

조용히 감상하던 청중들도 참다못해 눈을 크게 뜨고 귀를 찢게 하는 괴음소리 쪽으로 시선을 돌렸다. 피아노 연주도 어쩔 수 없이 멈추고 말았다. 웃음소리도 끝이 나고 주위는 갑자기 조용해지며 삼엄해지기까지 했다. 연주자는 벌떡 일어나 매섭게 여자를 힐긋 노려보고는 무서운 눈총으로 주위를 둘러보고 빠른 걸음으로 퇴장해 버렸다.

연주회는 중도에 서먹하게 끝이 났다. 분노와 모욕감으로 가득 찬 얼굴로 성큼성큼 걸어나가던 연주자의 비참한 뒷모습은 지금도 연민의 정을 느끼게 한다. 작곡자 슈베르트는 연주하지 못한 3, 4악장을 뒤로한 채 '미완성 교향곡'이라는 표제 아래 1, 2악장만으로 오늘날까지 이어온다.

혼신의 힘을 다해 피아노 연주를 하다 갑자기 뚝 그치고 벌떡 일어나 퇴장하는 처절한 모습을 잊지 못해 나는 슈베르트를 좋아한다. 활달하지 못한 성격으로 오는 열등감과, 가난으로 지친 외로움에 비참한 생애를 보낸 작곡자의 삶이 서려 있는 '미완성 교향곡'을 애호하면서 듣기를 즐겨한다.

슈베르트의 음악은 소극적이고 내성적인 그의 성격 따라 대체로 애긴힘과 쓸쓸함이 서려 있다. 그 대표적인 곡으로 '겨울 나그네'는 고독과 애달픔이 최고조에 달한다. 그의 생애 마지막 작품인 연가곡 '겨울 나그네'는 병고에 시달리며 춥고 비참함으로 저려 오는 그의 마음이 그대로 담겨져 있다. 슬픔이 담겨 있는 연가곡을 연주하거나 듣는 사람 누구에게나 애끓는 마음으로 가슴이 저려온다.

슈베르트는 천재성을 지닌 작곡가지만 궁핍함과 병으로 삼십대 초반에 요절하여 아깝게도 짧은 생애를 마치고 말았다. 생전에 작곡한 불후의 명곡들은 길이 남아 사람들이 아끼고 사랑하여 많이 연주하고 애창하면서 감동을 받는다.

나는 늦게야 예술의 아름다움과 귀중함을 알게 되었다. 가끔씩 음악회도 다니고 미술 전람회도 찾아다니며 예술가와 예술의 세계를 이해하려고 노력했다. 그러나 나의 무지함을 깨우치기에는 힘든 일이었다. 오직 내가 할 수 있는 일은 가장 많이 접해 온 음악이었다. 직접 참여할 수는 없고 고작 부르고 듣는 것이 전부이다.

집안에서 흥얼거리며 접하는 음악으로는 모차르트의 '바이올린

협주곡 1번'이 있다. 경쾌하면서 감미로워 가뿐하게 아침을 열게 한다. 즐겁게 일을 하고 싶은 충동을 일으키게도 한다. 가슴 벅차게 기쁜 일이 있으면 베토벤 교향곡 9번 '환희의 찬가'를 들으며 하늘에 올라가는 것 같은 환상에 빠지기도 한다.

어려운 일이 있어 낙심될 때는 교향곡 5번 '운명'을 듣는다. 문을 두드릴 때는 힘차게 장엄하게 두드린다. 박진감이 더하여 지나면 현악기와 목관 악기로 부드러운 멜로디가 흘러나온다. 긴장감이 감돌며 운명과 투쟁하는 것 같으며 3악장에서 폭풍 전야같이 조용한 분위기로 풀려나는가 하면 4악장에서는 운명의 처절한 싸움에서 승리의 함성을 지르며 폭발하는 것 같다. 힘이 치솟는 음률은 막힌 숨통을 트여 준다. 베토벤의 음악은 힘이 있고 용기를 불어넣어 주기도 한다.

내 영혼을 밝은 곳으로 이끌어 주는 성가곡은 마음을 높게 승화시켜 주며 의롭고 구별되게 살아가게 하는 힘이 되어 주기도 한다. 기라성 같은 작곡가들의 장르에 따른 음악들이 무수히 많다. 이 음악이 없었다면 사람들의 마음은 메마르고 삭막해지면서 지구는 파멸 지경에 이를지도 모를 일이다. 음악이 나에게 부유함과 윤택한 삶을 누리며 살아가게 한다.

오마주 투 코리아

　모스크바 피겨 스케이팅 세계 선수권 대회를 TV에서 중계하고 있다. 마지막 차례인 우리나라 선수를 보기 위해 세계 선수들의 환상적인 춤에 마음 조아리며 숨을 몰아쉰다. 은반을 누비며 요정같이 춤을 추는 황홀함에 남의 나라 선수들이라도 찬사를 보내지 않을 수 없다.
　드디어 기다리던 우리 선수 차례가 왔다. 두 날개를 펼쳐 김연아 선수가 기품 있게 얼음판 위를 미끄러져 나온다. 이미 밴쿠버 올림픽 금메달리스트이기에 우레 같은 박수갈채가 쏟아졌다. 환호하는 관중들에게 정중한 인사를 보낸 후 춤을 추기 위해 추임새를 취했다. 나는 긴장과 걱정에 떨리는 마음을 억누르기 위해 몸을 웅크리며 한껏 숨을 들이쉰다. 숨소리조차 들리지 않는 조용한 피겨 스케이팅 경기장에 은은히 아리랑이 울려 퍼진다. 대한민국의 딸 김연아 선수가 두 날개를 펴고 춤을 추기 시작한다.

의상과 추임새의 모든 동작이 한국의 미를 상징하며 우아하게 춤을 춘다. 은반 위를 크게 돌다 가볍게 세 번 회전을 여유 있게 돌고는 흐트러짐 없이 춤을 추는 모습에 온 경기장을 흥분시켰다. 경기장을 돌리듯 김 선수의 빠른 회전에는 눈이 부실 지경이다. 우아하면서 화려한 춤사위에 벅차오르는 가슴을 감당할 수 없다. 사랑하는 나의 조국 우리와 함께 살아온 아리랑이 세계를 향해 울려 퍼진다. 온몸에 전율이 흐르는가 싶더니 눈물이 핑 돈다. 자긍심으로 어깨가 우쭐해진다. 이보다 더 큰 나라 사랑이 어디 있으며 내 나라가 자랑스럽다.

나라마다 국가와 국기가 있다. 우리나라에는 나라를 대표하는 태극기가 있고 애국가가 있다. 애국가와 태극기는 나라를 대변하는 법적인 국가의 소속물이다. 그뿐만 아니라 이에 버금가는 나라꽃 무궁화가 있으며 남대문, 한복이 있다. 서울과 한강이 있는가 하면 아리랑, 김치 등 우리나라를 나타내는 많은 상징물이 있다.

한민족의 애환이 담긴 아리랑은 우리 민족의 정서에 가장 잘 맞을 뿐 아니라 마음속 깊숙이 스며들어 있는 구전 민요이다. 아리랑은 우리의 영혼을 사로잡는 나라 사랑이 담겨져 있다. 지방마다 불러지는 아리랑은 곡조가 조금씩 다르긴 하지만 하나같이 간장을 녹이는 애달픈 곡조이다. 한국 사람이면 어디에 가든지 그리움과 아픔으로 즐겨 부르는 노래이다.

핀란드에 갔을 때의 일이다. 국회 의사당 광장에 들어서는데 아리랑이 들려온다. 깜짝 놀라 두리번거리니 바이올린을 켜는 거리의 악사가 아리랑을 연주하며 우리를 보고 웃고 있었다. 연주장 앞으로 달려가 아리랑을 따라 불렀다. 고맙게도 두 번이나 연거푸 연주를 해 주어 약간의 팁을 건네며 박수와 함께 절을 꾸벅했다. 멀고 먼 나라 핀란드 서양 사람에게서 아리랑을 들으리라고 상상도 못한 일이었다. 그 여운으로 온종일 기분이 좋았으며 아무리 걸어도 힘이 넘쳤다. 그만큼 아리랑은 우리나라의 얼이요 우리를 지켜주는 지주이기도 하다.

우리나라가 살기 힘들었을 때 올림픽 금메달이 하늘같이 높고 까마득하기만 했다. 그나마 동계 올림픽에는 선수 출전조차 어려울 지경이었다. 70년대에 이르러 권투, 레슬링, 양궁과 같은 종목에서 금메달로 경기장에 애국가가 울려 퍼지기 시작했다. 꿈인가 생인가 하며 TV 앞에 서서 애국가를 따라 부르며 눈물을 찔끔거리기도 했다.

체력은 국력이라고 나라 경제가 점점 좋아짐에 따라 여러 종목에 출전하여 금메달도 많이 따고 급기야는 서울에서 올림픽을 개최하는 엄청난 일도 벌어졌다. 우리의 힘에 버겁게 여겨지던 올림픽 잔치를 여러 해 동안 철저히 준비하여 훌륭하게 잘 치르면서 한국의 건재함을 세계에 알렸다.

동계 올림픽은 정부나 국민에게는 여전히 힘겨웠다. 미비하나마 몇몇 종목에 출전하는 선수들이 고맙고 안쓰러운 마음으로 열심히 응원하곤 했다. 요원하기만 하던 올림픽이었다. 꿈에 그리던 메달이었는데 스케이트로 기적같이 금메달이 쏟아져 나왔다. 경기장에 태극기가 게양되고 애국가가 울려 퍼지면 아이들과 손을 맞잡고 따라 부르며 만세도 불렀다. 귀국하는 선수들에게 온 국민이 박수갈채로 고마움을 표시했다.

동계 올림픽의 꽃은 피겨스케이팅이라고 한다. 선수들이 얼음판 위에서 춤을 추는 모습을 보면 무엇에 홀린 듯 신기하기까지 했다. 너무나 환상적이라 때로는 착각에 빠지면서 그림같이 관람하곤 했다. 그러면서도 우리와는 무관하게 여겨지던 종목으로 생각했다. 상상할 수조차 없었던 우리 선수가 금메달을 목에 걸었을 때 세상의 모든 것이 내 것 같았다. 한없이 멀고 도저히 이룰 수 없을 것 같았던 스케이팅을 우리나라 선수가 해냈다. 완벽한 게임으로 "여왕마마 납시오"라는 서양 언론들의 칭송을 받으며 당당하게 시상대에 올랐다.

애국가가 울려 퍼지며 태극기가 서서히 올라갈 때 올림픽에 참석한 선수들과 응원하던 현지 교포들 모두가 눈물로 기쁨을 대신했다. 나라 안에서는 온 국민이 감동 속에서 환호하며 기뻐했다. 누구도 할 수 없는 불모지로 여겼던 초행길을 김연아 선수가 해냈다. 금메달을 목에 걸고 태극기 앞에서 눈물 흘리며 애국가를 불렀다.

김연아 선수가 금메달과 태극기를 앞세워 조국에 돌아왔다. 김 선수가 지나가는 도로변에 국민들이 진심 어린 마음으로 환영 물결을 만들었다. 김연아 선수는 환호하는 그들의 모습에 감격했다고 한다. 교만도 자만심도 가질 수 있으련만 고마움과 감사로 겸허하게 받아들였다. 대한민국에 대한 존경과 감사를 표하여 '오마주 투 코리아'의 곡을 특별히 제작하였다고 한다.

세계인이 주시하는 빙판 위에서 우리의 혼과 같은 아리랑을 울려 고마움에 보답한다고 했다. 우아하고 품위 있게 조용하면서 힘 있게 가진 것 모든 것을 은반 위에서 아낌없이 조국에 바친 선물이다. 또한 피겨의 예술성을 한 계단 올려놓았다고도 한다.

모든 영광을 조국에 바친 고귀한 나라 사랑이었다. 이보다 더 큰 나라 사랑이 어디 있을 것이며 세계가 부러워할 애국심이다. 세계 어느 곳에서도 당당한 대한민국으로 거듭났으며 우리의 위상도 그 춤만큼 높아졌을 것이다.

봄의 문턱에서

　봄은 학교에서 시작한다. 세상의 모든 일은 대체로 신년 일월에 시작하지만 학교만은 봄과 함께 개학을 한다. 긴 겨울 방학과 봄방학으로 더없이 조용했던 학교가 졸업식을 필두로 문이 열린다. 이른 봄 3월이 되면서 새 학년을 맞고 신입생의 입학으로 닫혔던 교문이 활짝 열렸다. 그제야 학교가 살아 움직이는 것 같다.
　3월 어느 봄날 한가롭고 여유로움으로 마음이 가벼워 하찮은 집안일을 하는데도 콧노래가 나온다. 창문을 활짝 열고 얼굴을 내밀어 보았다. 길 건너 초등학교 운동장에서 아이들이 뛰놀고 있다. 시끄러운 재잘거림도 새소리 같으며 달리는 자동차 소음도 어쩐 일인지 거슬리지가 않는다.

　빗자루를 든 채 목을 더 길게 빼고 운동장을 내려다보았다. 공을 차는 아이, 가위바위보를 하는 아이, 달리는 아이, 저마다 친구들과 뛰어놀기에 바쁘다. 활기차고 씩씩한 모습에 넋을 놓고 있으니 슬며시 나도 같이 놀고 있는 착각에 빠지기도 한다. 음악 소리가 흐르니 왁자지껄 하나같이 출입문으로 향한다. 먼지에 뒤엉킨 요란한 움직임으로 와르르 교실로 들어가는 모습에 웃음이 나온다.

　아이들과 함께 마음껏 날갯짓하며 뛰어놀던 활기차고 신이 났던 운동장이었다. 먼지가 채 가라앉지 않은 조용하고 텅 빈 운동장을 바라보며 허전하고 아쉬워지는 마음으로 돌아선다. 조용한 운동장의 적막감이 집안의 고요함에 부딪혀 힘이 빠지고 마음마저 울적해진다. 거실 소파에 털썩 주저앉았다. 깊은숨을 들이키고는 시름 아닌 생각에 잠겼다.

　교생 실습생이었던 일이 생각난다. 초등학교 교사가 되기 위한 준비로 졸업반이 되면 부속 국민학교에서 교생 실습을 하게 된다. 나는 일 학년에 배치되어 한 달간 수업 실전에 들어갔다. 실습 기간 동안 내 마음을 빼앗기게 하는 여학생이 있었다.

　이름은 기억나지 않으나 지금도 그 애의 모습이 눈에 선하다. 얼굴이 작으면서 유난히 까맣게 반짝이는 큰 눈을 가진 아이였다. 키는 작았으며 외모로는 다른 아이들과 다를 것이 전혀 없는데 무척 얌전했다. 하루 종일 있어도 말 한마디 없다. 친구와 놀지도 않았으며 화장실에 가는 일 외에는 자리에서 일어나는 일도 별로 없었다.

그렇다고 장애인도 아니었으며 얼굴이 조금 어두웠던 것 같았다.

하루는 그의 어머니가 학교에 오셨다. 선생님과 오래도록 상담을 하고는 어머니는 고개를 숙이고 우울한 얼굴을 한 채 교실을 나섰다. 수업을 마치고 학생들이 돌아가면 담임선생님과 교생들과의 종례 시간을 갖게 된다. 수업 실습에 대한 평가를 내려 주며 여러 가지 의견을 나누기도 한다.

선생님이 오늘 어머님과 나눈 상담 내용을 얘기했다. 담임을 맡아보니 그 아이가 다른 아이들과 조금 다른 면이 보여 신경이 쓰였다고 한다. 숙제, 준비물은 잘 챙기며 학습 면에는 뒤떨어지지 않았다고 한다. 눈여겨 보아오면서 여러 가지 방법으로 가까이 다가가며 관심을 보였으나 한 학기가 지나도 별 진전이 없었다. 결국 어머님과 상담을 했다고 한다.

문제는 그들의 가정에 있었다. 어머니가 이 아이를 데리고 재혼을 했는데 나이 차이가 많지 않은 의붓아버지의 언니 오빠와 한집에 산다고 한다. 그러다 보니 아이들은 마찰이 생기기 일쑤였다. 어머니는 무조건 자기 아이를 나무라게 되니 원래 얌전한 성격이었던 아이는 모든 일에 무관심으로 변해 버렸다고 한다. 나는 측은한 생각에 딸하고 둘이서 살지 왜 재혼을 하였을까 하는 철없는 생각을 하기도 했다.

세월이 흘렀다. 그래도 무표정한 얼굴에 크고 새까만 눈을 한 해맑은 얼굴이 몇십 년이 지난 지금도 가끔 떠오르곤 한다. 이름이 전혀 생각이 나지 않는 그 아이도 이미 중년이 되었다. 한번 만나보고 싶기도 하다. 결혼을 해서 여느 엄마들처럼 자녀를 키우며 잘살고 있을 것이다.

나는 하고 싶었던 일을 접고 남편과 아이들 뒷바라지로 살아왔다. 정성을 다하여 아이들을 키우며 자라는 모습을 지켜보는 것도 보람된 일이었다. 그러면서도 가끔씩 이게 내 삶의 전부였나, 억울한 생각이 들기도 하고 때로는 서럽기도 했다. 마음을 심하게 아프게 했던 불혹의 나이도 훌쩍 지나 쉰을 바라보는 지금 마음이 나시 뒤죽박죽 엉켜진다. 한낮의 봄 햇살이 따스하게 거실에 스며든다. 봄볕이 외로운 내 등 위로 애처롭게 내리비친다. 마음은 끝없이 미궁에 빠져 헤어나질 못하는데 어느새 오후가 되었다.

하교 시간을 알리는 노랫소리가 운동장을 타고 가볍게 들려온다. 귀가 쫑긋해지며 정신이 번쩍 든다. 흔들렸던 마음이 그제야 제자리로 돌아온다. 남편의 아내로 아이들의 엄마로 살아 온 삶이지만 나에게 삶의 의미를 부여해 주는 존재들이다.

내 아이들도 저 아이들처럼 거리낌 없이 운동장에서 힘차게 뛰어놀았을 것이다. 한 아이도 그늘 없이 밝고 의젓하게 잘 자랐다. 내가 없으면 남편이 오늘도 편안히 일을 할 수 있겠는가. 크게는 나라를 위해 작게는 내 가정을 위해 열심히 일하고 있다. 아이들도 학업에 열중하며 미래를 향해 달리고 있다. 내가 그들을 위해 집에서 버티고 있기 때문이다.

주부는 건강하고 평안한 가정을 이루는 밑거름이다. 가정의 건전함이 나라의 힘이 되는 바탕이다. 이것이야말로 세계를 향해 일등

봄의 문턱에서 *181*

나라를 이룰 수 있는 원동력일 것이다. 저녁 준비를 위해 장바구니를 들고 바쁘게 집을 나선다. 하루 일을 마치고 지친 얼굴로 돌아오는 이들을 환한 미소로 맞이하기 위해 종종걸음을 걷는다. 나에게 가족이 있어 기쁨의 힘이 솟는다.

고뇌와 고통으로 많이 흔들렸던 20여 년 전의 일이었다. 고희가 가까워 오는 지금 나는 마음의 평안을 얻었다. 한때는 가슴이 저리고 견디기 힘든 괴로움이었지만 지금 생각해 보면 그래도 잘 살았던 것 같다. 아이들도 잘 자라 안정된 생활을 하고 있으며 마흔의 불혹이 내게는 일흔이 되어서야 몸과 마음에 걱정이 없는 불혹의 나이인 것 같다.

희미한 옛이야기

　산행을 하며 한 회원이 로프를 타고 서울 백운대 암반에 오른 무용담을 털어놓았다. 귀를 기울여 들으면서 내가 올랐던 오십 년 전의 백운대가 생각났다. 아득한 옛일로 잊고 있었던 그날이 어렴풋이 다가온다.
　대학 3학년 늦은 봄 공휴일을 맞아 친구들과 인천 작약도에 가기 위해 서울역에서 인천행 기차를 탔다. 설레는 마음으로 어리둥절하는 동안 기차는 인천역에 도착했다. 작약도에 가기 전에 자유공원에 들러 맥아더 장군 동상을 보자고 했다. 마음으로 새겼던 장군의 동상을 보고 싶었다. 배를 놓친다는 이유로 모두들 고개를 절레절레 흔들었다. 한국 전쟁에 지대한 공을 세운 훌륭한 장군을 추모하자고 설득하여 겨우 공원에 오르기로 했다.

모두들 초행길이라 우왕좌왕하면서 공원에 올랐다. 중앙에 우뚝 솟은 맥아더 장군 동상 앞에 섰다. 미끈하고 핸섬한 군복 차림의 맥아더 동상 앞에 서니 숨이 막히고 가슴이 두근거렸다. 깊고 심오한 마음으로 묵념을 올리고는 바쁘게 돌아섰다.

우리는 서둘러 뱃머리로 향했다. 빤히 보이는 조그만 섬으로 가는 배는 많은 관광객들로 붐볐다. 급하게 승선하여 설 자리 찾느라 틈새를 두리번거리는데 뱃고동을 길게 울리며 배는 섬을 향해 떠났다. 간지럽게 얼굴을 스치는 미풍을 맞으며 알지 못하는 미지의 곳을 찾는 호기심과 긴장감으로 마음은 들떠 있었다. 얼마 지나지 않아 작약도에 도착하여 조그만 섬 이곳저곳을 신기한 듯 누비고 다녔다. 점심때가 되어 분식집에서 국수를 먹으며 섬을 한 바퀴 돌아보는 나룻배가 있다는 것을 알았다. 우리도 한번 타 보기로 하고 차례를 기다려 조각배에 올랐다.

확 트인 바다 위에 불어오는 시원한 바람은 마음속에 끼어 있는 도시의 먼지까지 깨끗이 씻어 주는 것 같았다. 하늘의 뭉게구름과 작약도의 그림자가 출렁이는 바다 위에 어른거리는 모습은 신기하기 그지없었다. 부푼 마음에 하늘을 향해 양손을 치켜 올리며 흔들리는 작은 배 위에서 고삐 풀린 망아지마냥 겁도 없이 날뛴다. 섬을 한 바퀴 도는 동안 재잘거리다 웃고 노래도 부르며 탄성을 지르기도 했다.

뱃머리가 가까워져 깊은숨을 들이키며 마음을 가라앉히려는데 남학생이 탄 배가 우리 배 주위를 맴돌고 있다고 늙수그레한 뱃사공 아저씨가 웃으며 일러 준다. 우리 배를 보며 웃고 있는 남학생들을 힐긋 바라보고는 상관 않고 뱃머리에서 내렸다.

아쉬운 마음으로 작약도를 뒤로하고 기다리는 배에 올랐다. 들뜬 우리 마음을 태운 큰 배는 낮은 기적 소리를 내며 육지로 향한다. 인천항 터미널에 도착하자 바쁘게 정거장으로 향했다. 서울행 기차를 타고 자리에 앉으니 어느새 우리 옆자리에 네 명의 남자들이 기다렸다는 듯이 자리를 잡았다. 어쩔 수 없이 얘기를 하게 되었다. 먼저 자기네 소개를 하는데 우리 이웃 대학에 다니는 학생들이었다. 토요일 미팅 약속을 하고는 서울역에서 헤어졌다.

토요일 단체로 만나 각자 자기소개를 하고는 다소 서먹한 가운데 점심을 먹었다. 서로가 네 명이었기 때문에 번호 뽑기로 파트너를 정했다. 짝을 지어 같이 영화관으로 갔으며 영화를 본 이후 나는 내 짝을 따라 다방에 들어갔다.

어색한 분위기로 커피를 마시며 정식으로 인사를 나누었다. 나의 상대 학생은 보통보다 조금 큰 키에 그래도 준수한 편인 것 같았다. 학교, 가족 관계, 친구 이야기를 나누며 저녁을 먹었다. 경상도가 고향인 3학년 군 복무를 마친 복학생이었다. 기숙사까지 데려다 주어 고맙다는 인사와 함께 헤어졌다.

몇 주일이 지난 어느 날 기숙사로 그 학생이 찾아왔다. 성악가 교수님의 독창회 초대권이 있으니 같이 가자는 것이었다. 음악회를 다녀온 며칠 후 내가 점심 식사를 대접하고는 학기말 시험을 치르고 여름방학을 맞았다.

  새 학기가 되어 우리는 가끔씩 만나 영화도 보고 고궁을 찾기도 했다. 하루는 난데없이 백운대 등산을 하자기에 자신이 없어 어물거리며 약속을 잡았다. 하늘이 높고 청명한 늦은 가을날이었다. 아침 일찍 운동화 차림으로 산행에 나섰다. 미아리고개를 넘어가는 버스를 타고 목적지에 도착하여 백운대를 오르기 시작했다. 산을 오르다가 헐떡이면 잠깐 쉬면서 숨을 돌렸고 가파른 바윗길에는 산허리로 말뚝을 박아 묶어 놓은 로프를 잡고 산을 올랐다. 처음으로 오르는 등산이라 숨은 차고 힘들었으나 기분은 상쾌했다. 시원한 바람이 젖은 땀을 식혀 주며 맑은 공기는 마음을 씻어 주었다.

  정상에 올라 사방이 확 트인 산 위에서 내려다보는 서울은 참 신기하기도 하고 뿌듯했다. 적당한 자리를 잡아 기숙사에서 준비해 온 볼품없는 점심을 먹었다. 산악인들은 이 기쁨을 누리기 위해 산에 오르는가 하고 그들의 마음을 조금은 이해할 것 같았다. 그날 이후로 산에 잘 오른다는 칭찬과 함께 우리는 가끔 산에 올랐다.

  다음 해 봄 4학년이 되었다. 학교에 다니며 졸업 후의 이야기가 조심스럽게 나왔다. 화창한 봄날이지만 스산하고 초조한 마음으로 학교에 다녔다. 졸업 후 무얼 하겠냐며 묻고는 자기는 미국 유학을 떠나고 싶다고 했다. 그는 부모님과 상반된 진로 문제로 한국에서 공부를 계속할 수가 없단다. 그러면서 같이 가자고 한다.

  나에게는 그의 가정환경이 걸림돌이었다. 주일에 가끔씩 교회에 오긴 하지만 장손으로서 많은 제사는 어쩔 수 없다는 얘기였다. 그 동안 내 마음을 무겁게 짓눌렀던 종교문제가 사실로 다가왔다. 우리 집에서도 지내는 제사는 보편적인 한국 가정에서 조상 숭배로 행하는 행사이다. 한국적인 미풍 양식에 반대 의사는 없으나 예수교의 교리에 허용하기가 힘들었다. 내가 신앙을 포기하지 않으면 한국의 모범적인 가정에서 잘 자란 그에게 고통의 멍에를 씌울 수밖에 없었다. 무겁게 짓누르는 압박감을 가다듬어 접기로 마음먹었나. 여름 방학을 맞으며 한번만 더 생각해 보라는 그의 부탁과 함께 헤어지기로 했다.

  9월과 함께 4학년 마지막 학기가 시작되었다. 국가에서 전에 없던 학사 고사를 실시한다며 교양, 전공과목으로 나누어 실시하는 국가 고사가 발표되었다. 그 무렵 우리는 마지막 만남으로 헤어지게 되었다. 혼란스러움으로 마음이 허둥거려 갈피를 잡을 수 없었다. 시험 준비를 하려고 머리를 싸매어 보지만 멍해진 머리를 좀처럼 가다듬을 수 없었다. 멍청한 가운데 일주일 간격으로 교양, 전공과목 두 번의 학사 고사를 치렀다. 얼마 지나지 않아 졸업 시험을 앞두고 신경을 곤두세우며 버티고 있는 어느 날 그의 친구로부터 그네 학교 학보가 날아왔다.

  학보를 펴는 순간 데모하다 수감된 학생 이름과 감금되어 있는 경찰서가 대서특필로 확 들어왔다. 밑줄 그은 부분에 그의 이름이 눈에 띄었다. 그 옆에 "면회 요망"이라는 친구의 필적이 있었다. 숨을 쉴 수 없었다. 어쩔 줄 몰라 한번은 가야지 하고는 시험을 치는 둥 마는 둥 방학을 맞았다. 면회를 가려고 온종일 버둥거리면서도 쉽게 나서질 못했다. 기숙사에서 궁리만 하며 전전긍긍하다 무겁고 죄스러운 마음을 뒤로 한 채 다음 날 짐을 싸서 집으로 돌아왔다.

불안하고 가슴 조였던 긴 겨울방학이 끝나고 졸업식을 맞았다. 학교마다 일제히 졸업식을 거행하는데 그도 졸업을 하는지 알아보고 싶었다. 모두들 뿔뿔이 흩어지고 나도 부모님과 언니 집에서 졸업식을 맞이하니 어쩔 수가 없었다. 걱정스럽던 마음을 떨쳐 버리지 못한 채 졸업식을 마치고 부모님과 함께 집으로 돌아왔다.

신학기가 시작되고 오월이 가까워지자 남동생이 다니는 대학에서 데모가 격렬해지며 연일 시끌시끌했다. 부모님이 연락을 취하여도 소식은 없고 기다리다 못해 내가 직접 방문하기로 했다. 동생이 데모를 하는 것 같은데 그래도 하숙집에 건재함을 보고는 부모님께 잘 있다고 소식을 전하고 며칠 묵기로 했다. 친구들을 만나 보면서 생각을 거듭하여 신촌으로 갔다. 졸업 후 학교의 모습은 조금은 생소한 것 같고 내가 이방인이 된 것 같은 허전한 기분이었다.

두근거리는 가슴을 안고 그의 하숙집으로 향했다. 기웃거리며 대문에 들어서자 그와 마주쳤다. 둘이서 멀거니 바라보다 집을 나섰다. 학교 가는 길이란다. 쿵쾅거리는 가슴을 억누르며 다방으로 갔다. 자리에 앉으니 눈물이 핑 돌았다. 말없이 멍청히 있으니 어떻게 왔느냐고 물었다. 동생 때문이라 얘기하면서 졸업은, 학사 고사는, 데모는 왜 했느냐고 어물거렸다. 그는 웃으며 커피를 한 모금 마셨다. 말없이 앉아 있으니 한참만에 입을 열었다. 학사 고사를 치르고 느닷없이 데모에 가담하였던 일, 경찰서에서 4학년들에게 졸업 시험을 치도록 선처해 풀려난 얘기를 들려주었다. 어린 나이도 아니고 데모는 무슨 데모냐고 겨우 말하며 그래도 안도의 한숨이 나왔다.

시내로 나가 점심을 먹으며 면회 못 간 미안함과 불편한 마음으로 맞은 졸업식 이야기를 했다. 그가 졸업 시험을 치르고 경찰서로 찾아가 면회자 명단을 보았다는 얘기를 하며 웃었다. 시사 후 느닷없이 남산에 오르잔다. 후회와 뉘우침으로 가슴 아팠던 사람, 한번만이라도 보고 싶었던 사람, 나는 기뻤다. 남산을 오르다 내 구두를 보더니 케이블카를 타자며 터미널로 향했다. 남산 마루 돌계단에 앉아 확 트인 시내를 내려다본다.

도미 준비 중이라며 눈 딱 감고 한번만 봐 달라고 한다. 마음이 서글퍼진다. 돌아오는 길에 데려다 주겠다는 말을 뒤로 한 채 혼자 걸었다. 죄스럽고 아팠던 마음은 홀가분해진 것 같았으나 흐르는 눈물은 걷잡을 수 없었다.

세월이 많이 흘렀다. 살아가면서 때로는 아프게 성큼성큼 다가오더니 이제는 거의 잊고 있었다. 초로에 접어들어 그도 나같이 늙어 가고 있겠지.

인지 장애의 입문

지구의 모든 생물은 나이를 먹는다. 사람들도 해마다 나이가 들지만 나이는 먹는다고 한다. 나도 나이를 먹으며 살아가지만 나이 듦에 크게 애석해하지 않고 살아가는 편이다. 덤덤하게 산다고 하지만 나이를 먹으니 기억력 감퇴가 문제가 된다. 잊어버리는 정도가 심해 생활에 불편을 느낄 정도이다.

십 년도 더 지난 일이었는데 친구 아들의 결혼식이 있었다. 마침 그날 서울에서 아주버님 내외분이 조카 집에 오셔서 점심 식사를 대접하게 되었다. 결혼식은 늦은 오후 시간이어서 점심 식사를 하고도 충분한 시간이었다. 예식장에는 주차장이 부족한데 자동차를 두고 갈까 어쩔까 하다 자동차를 가지고 약속된 음식점으로 갔다. 식사를 하고는 집으로 오는 길에 차를 두고 결혼식에 가야지 하며 차를 몰았다. 주말이라 막힌 길을 초조해하며 난폭 운전을 할 정도였다. 집에 도착하자 옷을 갈아입고는 세수를 했다. 얼마를 지나 저녁 준비를 하고 있는데 전화벨이 울렸다. 남편인가 했는데 친구였다. 결혼식 생각이 났다.

 오 년 전 친정어머니 기일이었다. 서울에서 언니 내외분이 오신다기에 전날 동생과 상의하여 내가 비행장에 마중가기로 약속했다. 다음 날 저녁 동생네 집에 거의 도착할 즈음 핸드폰이 울렸다. 동생이 대뜸 "누나 어디요?" 했다. 집에 거의 다 왔다 하니 "비행장에는 어쩌고요?" 한다. 어저께 약속을 거짓말같이 잊어버렸다. 어쩔 수 없이 언니는 택시를 이용했다. 가끔씩 잊은 일로 웃을 일이 있지만 어이없는 일이었다.

 그뿐만이 아니다. 가을이 접어드는 청명한 하루 친구가 집에 들러도 되느냐고 전화가 왔다. 한가로운 터라 커피를 마시며 수다를 떨었다. 느긋하게 점심을 먹은 후 영화를 보기로 했다. 프로그램 얘기를 하다 그저께 본 영화 얘기가 나왔다. 나도 그 영화 본 것 같다고 했더니 친구가 갑자기 눈이 동그래지며 누구하고 봤느냐고 물었다. 어물어물하고 있으니 누구랑 갔느냐며 다그쳤다. 나는 보긴 본 것 같은데 잘 모르겠다고 하니 조용히 생각해 보란다. 한참을 생각해도 기억이 나지 않는다. 참다못해 친구가 자기하고 갔다는 얘기였다. 동창 모임에서 점심을 먹고 영화관에 간 일이 그제야 생각이 났다.

　나이는 못 속인다는 말이 있다. 나이보다 훨씬 외모가 젊어 보인다든지 정신력이 강하여 기억력 감퇴가 더디 오는 사람이 있다. 규격 있는 식사와 적당한 운동과 규칙적인 생활로 인해 건강한 사람도 있다. 반면에 사고를 당해 몸을 다쳤던지 심한 흡연과 과음으로 건강의 불편함을 이르게 느끼는 사람도 있다. 이런 특별한 경우 외에는 대체로 비슷하게 나이를 먹어 가는 것 같다.

　친구는 병원에 가서 검사를 받아 보라고 권유했다. 나도 걱정스러웠다. 하루는 의사인 사위에게 검사를 받아 보면 어떻겠느냐고 조언을 구했다. 내 말을 듣던 사위는 지금 상태로선 검사를 해도 나타나지 않고 잊어버리는 증상은 건망증이고 치매가 아니라 했다. 운동을 겸하여 영양 보식 잘하며 규칙적인 생활을 하면 정상적인 생활을 할 수 있다는 긍정적인 답변이었다. 무거운 마음을 풀고는 평소의 일상적인 생활이 계속되었다.

　얼마 전 친구가 병원에 같이 가자는 전화를 걸어왔다. 그러지 하고는 약속 시각에 병원에서 만났다. 정신과 접수대에서 친구가 내 눈치를 보며 조심스럽게 같이 검사를 받아 봤으면 해서 왔단다. "무슨 검사?" 놀란 눈으로 바라보았다. 치매 검사를 해 보자고 한다. "너무한 것 아냐." 하며 벌떡 일어나 병원을 나섰다.

　병원을 다녀온 무거운 마음 탓인지 소파에 털썩 주저앉았다. 정말 치매일까, 나도 아버지처럼 치매가 올지도 모른다는 두려움에 눈물이 날 지경이다. 검진을 받아 볼 걸 그랬나, 모든 일에 정신을 차리면 좀 나아질 수 있는지, 이런저런 생각으로 뒤척이다 잠이 들었다.

잠결에 벨 소리를 듣고는 일어났다. 친구였다. 입을 쭉 내밀고 현관문을 여는 나에게 친구는 눈을 흘기며 들어선다. 너무 조급하게 굴어 미안하지만 한 번쯤 검사받아 보는 것도 괜찮지 않겠느냐며 나무랐다. 며칠 후 결과를 보러 가는데 그때 같이 가자고 다독였다. 그는 활달하고 순발력이 있어 항상 나를 이끌어 준다.

점심을 먹으러 바닷가로 나갔다. 간단한 식사 후 카페에 들렀다. 나는 들어가도 되느냐고 종업원에게 물었다. 고개를 끄덕이며 들어오란다. 구석진 자리에 앉자 자리가 많은데 왜 물었느냐고 한다. 연령 제한이 있나 했더니 눈을 부릅뜨고 화를 낸다. 커피를 마시며 시종 치매 이야기다. 아버지의 치매로 남동생 내외의 많은 수고가 생각났다. 우리 형제 중 외모나 성격이 아버지를 가장 많이 닮은 나는 평소에도 은근히 걱정이 되기도 했다.

친구에게 아버지에 관한 얘기를 하니 그제야 오늘 검사받지 않은 것을 진하게 질책한다. 그러면서 병원에서 검사 받으면 인지장애로 나올 것이라고 한다. 그게 무엇인데 물으니 치매의 기초 단계란다. 정신과 의사가 필요 없는 무모한 진단이 나왔다. 네가 의사 다 해라며 마음껏 웃었다. 너무 빠른 것이 너의 문제라는 나의 볼멘소리에 모든 일에 스트레스 받지 않는 것이 최선의 치료법이라는 것도 알려 주었다. 우리는 빈 커피잔을 부딪치며 치매야 물러가라고 외쳤다. 오늘 고마웠다고 눈을 맞추고는 가벼운 마음으로 자리에서 일어섰다.

서쪽 하늘에 저녁노을이 드리워져 있다. 불그스름하게 해넘이가 접어들면서 점점 어둠이 밀려들어 곧 깜깜해질 것이다. 인생의 해 넘이에 걸려 있는 나에게 치매의 불행이 닥칠지 알 수 없다. 마음 같아서는 열 번이라도 사양하고 싶으나 저녁이면 어둠이 밀려오듯 치매가 찾아오는 것은 어쩔 수 없는 일이다. 그동안 건강하게 살아온 여생에 감사하며 겸허하게 받아들여 겸손하게 살다 가고 싶다. 하늘을 발갛게 물들이는 저녁 노을처럼 나의 노후도 아름다워지고 싶다.

산행의 기쁨

　첫 산행은 신어산에 올랐다. 늦은 여름을 뒤로하고 청명하고 화창한 9월 어느 날이었다. 동창들이 등산 가방을 메고 인도자의 뒤를 따라 걸었다. 하늘은 높고 우거진 녹색의 장엄함은 가을 준비로 조금은 푸름을 잃은 것 같다. 무더위는 지났으나 숲 속을 오르는 새내기들의 산행길은 비지땀을 흘리며 힘겹게 산을 오른다.
　우리 산행의 첫 모임은 이렇게 준비 없이 시작했으나 십 년 가까이 매주 월요일에 산에 오르고 있다. 요즈음 회원 수는 남녀 합해 스무 명 정도이며 매회 참석자는 들쭉날쭉이다. 산꾼도 아니면서 이렇게 오래도록 제법 산꾼 행세를 하며 산에 오르게 된 동기는 동창회서였다.

  동창들이 둘러앉아 식사를 하며 히말라야 산에 오른 조간신문에 실린 산악인에 대한 얘기를 하였다. 얘기가 무르익자 우리도 산에 한 번 가보자는 의견이 나왔다. 의외로 찬성자가 많았다. 분분한 의견 끝에 김해 신어산에 오르기로 하고 날짜와 시간을 맞추어 참석할 수 있는 사람은 누구나 동참하기로 했다.

  집합 장소는 남자 동창분이 교장으로 근무하는 신어초등학교였다. 교통편은 승용차를 이용하든지 대중교통 이용 편을 알려주면서 헤어졌다. 다음 날 동창 메일에 산행 계획이 상세하게 올려졌다. 어설프게 신어산에 오른 것이 계기가 되어 십 년 가까이 계속되면서 스스로 대견해하며 무리 없이 산을 찾는다.

  처음 열서너 명이 모여 신어산에 오른 것은 어설프기 짝이 없었다. 인도하는 동창을 따라 막무가내로 오르다 힘들어 씩씩거리면 나무 그늘에 앉아 쉬었다. 물을 마시고 준비해 온 간식도 먹었다. 땀투성이로 힘겹게 정상에 오르니 시원한 바람이 몸속 깊숙이 스며들어 더위를 식혀주었다. 산 위에서 사방을 내려다보는 뿌듯함과 성취감은 무엇에도 비교할 수 없었다. 소소한 작은 얘기와 허튼소리에도 웃음이 가득 찬 얼굴로 내려오는 하산길은 거짓말같이 수월했다.

  교장 동창의 배려로 한식집에 들러 점심을 대접받으며 의견을 모았다. 수렴 결과 매주 한 번씩 산에 오르며 모든 회원이 허용되는 월요일로 결정했다. 모두들 산이 좋다는 이유로 열심히 오르며 횟수를 거듭할수록 회원 수도 조금씩 늘어나고 산행도 활발해졌다. 아울러 아무 조직도 없이 진행하니 불편함을 느껴 어느 정도 체계화의 필요성을 느끼게 되었다.

산행을 이끌어 가는데 필요한 사항들을 점검해 보았다. 먼저 모임 이름이 필요한 것 같아 이름 짓기에 나섰다. 많은 의견으로 시끌벅적한 끝에 결정된 명칭은 우리가 12회 졸업생이며 한 사람 두 사람으로 시작하는 의미로 '한둘 산우회'로 이름 붙였다.(나중에 알고 보니 한둘이 큰 둑, 큰 제방이라는 뜻도 있어 뿌듯했다.) 회장 및 필요한 임원들도 뽑았다. 서로들 이름 부르는 것보다 자기 임의로 호를 만들어 부르자는 한 회원의 의견에 모두들 찬성했다.

다음 주 산행에 '아호 발표회'를 열기로 했으며 산행 소식을 동창 메일을 사용하던 것을 한둘 메일을 따로 만들어 기재하기로 했다. 시간이 흐르면서 미비하여 불편하면 조금씩 보충해 나가며 체계를 갖추어 명실공히 오늘의 한둘이 이루어졌다.

한둘 산우회가 여러 해 동안 하나같이 지속될 수 있었던 것은 우리 학교가 사범학교로 남녀 공학의 특수성을 지녔기 때문인 것 같다. 동창들은 대부분 초등학교에서 교직 생활을 지냈으며 정년퇴임과 함께 자연스레 결성되어 지금껏 먼 산 가까운 산을 별 무리 없이 오르내린다.

산에 오를 때는 세상의 모든 일들을 잊는다. 길옆에 마음대로 늘려있는 들풀과 계절 따라 피는 꽃들, 하늘을 향해 뻗어있는 나무들과 산새들의 지저귐, 마음대로 널부러져 있는 바위들과 바위틈으로 흐르는 냇물에 친구까지 하나로 융화되어 기쁨이 두 배로 커지며 감동으로까지 이어진다. 아직도 남학생 여학생 하면서 학창 시절의 흉내를 내며 즐겁게 우정을 쌓아간다.

매주 부산 근교의 산을 오르며 봄, 가을에는 명산을 찾아다니며 몇 년이 후딱 지났다. 회원 수도 조금씩 늘어나 통제하기도 힘들 무렵 한라산 등반 얘기가 심심찮게 나왔다. 처음에는 그저 희망 사항 정도로 나왔다가 조금씩 모은 회비도 얼마간 쌓여 구체화되기 시작했다. 한라산 등반 얘기만 나오면 벌써 다 오른 것처럼 마음이 들떠 회의 진행이 어려울 정도였다.

여름 한더위와 장마철을 피해 이박삼일로 9월 첫 월요일에 출발하기로 결정되었다. 모든 일이 구체화되면서 마음은 매일 한라산에 오르는 기분으로 들떠 있었다. 출발 한 달 전부터 예행연습에 들어갔다. 연습 첫 주는 산행 시간을 한 시간 늘리고 다음 주는 두 시간 늘리는 코스로 준비하는 과정에 마지막 예행 길에서 문제가 생겼다.

점심을 먹은 후 하산하면서 길을 놓쳐 다섯 시간 정도를 걸어도 하산하는 길이 보이지 않았다. 회원 한 명은 물을 찾으며 더 걸을 수 없다고 주저앉아 버렸다. 모두들 둘러앉아 걱정을 하며 각자의 빈 병 물병을 따라가며 몇 방울의 물을 먹이기도 했다. 해는 이미 지고 터덜터덜 어두운 길을 끝없이 내려오는데 겨우 동네가 보였다. "슈퍼다." 한 회원이 소리쳤다. 모두들 춤을 추듯 조그만 가게로 뛰었다. 누구랄 것도 없이 생수병을 하나씩 들고 벌컥벌컥 마시며 서로를 보고 웃었다.

　김해 공항에 모여 제주행 비행기에 오르니 벌써 가슴이 부풀어 오른다. 부산에서 열 명 서울에서 두 명이 날아와 제주 공항에서 만났다. 여학생 다섯 명에 남학생 일곱 명이다. 부산에서는 짝짝이 짝을 지어 왔는데 서울 때문에 망했다는 우스개로 기분은 최고조에 달했다. 콘도미니엄에 짐을 풀고 저녁을 먹고는 내일 산행 준비로 분주했다.

　다음 날 여덟 시 성판악 매표소 출발점에서 산에 올랐다. 폭풍우가 거쳐간 한라산 가을 하늘은 맑다 못해 다른 세상에 온 것 같은 느낌이었다. 폭우가 더러운 오물들을 다 쓸어갔음인지 몸이 옴츠려 들것같이 맑고 깨끗했다. 오르는 산길이 거의 넓은 돌들과 돌계단으로 되어 있으며 양옆에는 작은 대나무가 **빽빽**하게 들어서 있었다. 힘들면 쉬고 또 오르고 헐떡이며 걸어도 끝이 없다. 골짜기에 흐르는 바위에 앉아 물을 마시며 숨을 고르는데 회장님 앞으로 폰이 울렸다. 모두들 귀를 쫑긋한 가운데 받으니 서울 동창의 축하 전화였다. 반가움에 피곤함이 가시는 듯 기분이 상쾌하고 새 힘이 솟았다.

　얼마를 갔는지 진달래 휴게소가 나왔다. 준비해 온 시원한 오이를 먹으며 잠깐 휴식을 취했다. 여학생 두 명과 남학생 두 명이 기권을 선포했다. 나머지 대원들은 물 한 모금 마시고는 정상을 향해 출발했다. 걷고 또 걸었다. 오르는 산길은 끝이 보이지 않고 지치다 못해 아무런 생각조차 할 수 없었다. 마지막 나무 계단을 오를 때는 옆 사람도 쳐다볼 수 없이 무슨 힘으로 계단을 밟는지 무감각 상태였다.
 정상에 올라 허리를 펴니 울컥 눈물이 맺혔다. 백록담은 짙은 옥색 물이 담겨 있는 웅덩이로 생각보다 깊고 매우 컸다. 신비에 찬 백록담이었다. 넘쳐나는 감격을 억제할 수 없어 여 회원 세 명이 돌아서서 그 많은 사람 앞에서 부끄러움도 잊고 대한민국 만세, 백록담 만세, 부산사범 만세 삼창으로 기쁨을 누렸다. 멀거니 바라보던 산행들이 웃으며 박수로 환호해 주었다.
 겨우 자리 잡고 김밥을 먹기 시작하는데 산지기 아저씨가 내려갈 시간이 되었다고 하산하란다. 한 시가 하산하는 시간이라니 급하게 밥을 먹는 둥 마는 둥 물 마실 겨를도 없이 일어섰다. 돌아오는 하산길은 그래도 여유로워 피곤함은 어디로 갔는지 즐겁기만 했다.
 멀기도 한 하산길이지만 세상을 다 얻은 것 같은 만족감으로 피곤치도 않다. 거의 다 왔나 싶더니 회원들이 박수로 맞아 주었다. 성판악 휴게실에서 차 한 잔 하는 동안 해는 지고 어스름이 잦아들었다. 오늘의 감격과 영광을 모두 남자 회원에게 돌리며 피곤함도 잊고 밤새껏 기쁨을 나눴다.
 그날의 감격을 잊지 못해 몇 년 후 설악산 대청봉에도 올랐고 계절 따라 매년 명산을 찾아다닌다. 산행한 지 10년 가까이 지나 고희를 맞았다. 고혈압으로 쓰러져 오랫동안 병원 신세를 지는 안타까운 친구가 있는가 하면 몇 명의 회원은 몸이 불편해 동행하지 못하고 있다. 이래저래 회원 수는 줄었으나 그래도 한둘은 월요일이면 힘차게 산을 오른다.

어느 토요일 오후

　며칠간 집을 봐 달라는 딸의 연락을 받고 짐을 챙겨 서울행 KTX 기차에 올랐다. 사위는 회사 일로 외국 출장을, 딸은 며칠간 연수 교육차 지방으로 가게 되어 둘째아들이 고등학생인지라 집을 비울 수 없다고 한다. 나는 서울에 다녀도 기차표를 예매하지 않는다. 정거장에 나가면 어렵지 않게 필요한 시간대의 표를 구입할 수 있기 때문이다. 주말에는 운임 값이 평일보다 비싼데다 경로 할인이 적용되지 않아 좀처럼 이용하지 않는다. 오늘도 당연히 그랬다.
　서울에 갈 때는 며칠 묵고 한 주 지나 귀가할 생각이었다. 사흘이 지나 딸이 돌아오자 갑작스러운 일로 예정보다 일찍 집으로 내려오게 되었다. 마침 토요일이라 느슨히 아침을 먹고 11시 35분 서울역에 도착했다. 생각 외로 한산한 매표소였다. 이상히 여기며 제시간의 표를 사려니 제일 가까운 시간이 2시 55분 기차표만 한 장 있다는 역무원의 얘기였다. 머뭇거리다 표를 달라고 하니 그 사이에 팔려 버렸다. 다시 검색을 하더니 5시 45분 표가 한 장 있단다. 어쩔 수 없이 구입했다. 얼른 스치는 생각으로 6시간 여유가 있으니 짐을 물품 보관소에 맡기고 가깝게 위치한 용산 국립박물관에 들러 석재 문화재 전시회를 둘러보기로 마음먹었다.

두리번거리며 물품 보관소를 찾아 갔으나 빈자리가 없었다. 반대편에도 보관소가 있다기에 짐을 끌고 갔지만 그곳에도 만원이었다. 일순간 멍청해져 버렸다. 우선 대기실 의자에 앉았다. 대책을 궁리해 봐도 속수무책이었다. 승차권을 반환하고 다음 날 표를 예매하려고 매표소에 갔더니 일요일이라 아침 여섯 시에 몇 장 있단다. 비행기는 어떻겠냐고 물으니 주말은 비행장도 마찬가지 아니겠느냐는 역무원의 대답이었다.

일단 오늘 내려가기로 결정짓고 남은 6시간 보내기 계획을 세웠다. 12시에서 1시까지 책을 읽기로 했다. 1시에서 2시까지 점심을 먹고 쇼핑센터도 둘러보며 휴식, 2시에서 3시까지 독서, 3시에서 4시까지 TV 보기 및 휴식, 4시에서 5시 책 읽고 승차하기로 일정을 잡았다. 대충 이렇게 시간 분배를 하고 책 읽기에 들어가려니 그럭저럭 12시 20분이었다.

준비된 책이 읽기 좋은 소설이나 수필집이 아닌 옥성호 작 '심리학에 물든 부족한 기독교'로 기독교에 심리학이 접목된 책이라 번잡한 대합실에서 집중하여 읽기가 여간 힘든 일이 아니었다. 힘겹게 1시 30분을 채우고 2시 가까이 되어 자리에서 일어났다. 줄지어 늘어 선 식당가를 둘러보며 마땅한 곳을 찾았다. 준비해 온 토스트가 있어 햄버거 가게에 들어가 커피를 주문하고 구석 자리를 찾아 토스트를 먹었다. 아이스크림을 곁들여 최대한 천천히 먹었다.

  식사가 끝나고 백화점에 들렀다. 가방을 끌며 구매할 물품이 없는 백화점을 두리번거리는 일은 무척 불편한 작업이었다. 내가 가방을 끌고 다니는 것이 아니라 가방이 나를 끄는 것 같아 버리고 싶은 충동마저 일어났다. 별로 필요치도 않은 옷가지에 소품 몇 가지 들어 있는 가방이 이렇게 무겁고 거추장스러운 짐덩어리가 될 줄은 몰랐다.

  번잡한 곳에서 계획에 없는 시간을 보낸다는 것은 정말 지루하고 힘든 일이었다. 한 시간 남짓 지나 대합실로 돌아와 앉을 곳을 찾으니 설상가상 빈자리가 없었다. 허둥지둥 짐을 끌며 빈자리를 찾아도 보이지 않는다. 어이없어 멍청이 서 있었다. 한참을 기다려도 자리를 뜨는 사람은 보이지 않는다. 오랜 시간 후들거리는 다리를 번갈아 힘을 주어 버티며 빈자리가 나기를 기다렸다. 겨우 한 자리가 비어 잽싸게 달려갔다.

  자리를 확보하고는 피곤으로 밀려오는 마음을 달래려 가방 위에 엎드렸다. 나 자신이 너무 초라하다는 생각에 울컥해진다. 나도 이런 짐덩어리가 아닐까. 아직은 아니더라도 언젠가는 아이들에게 버거운 짐이 될 수 있을 것이다. 눈꺼풀이 내려앉으며 따갑기까지 하다. 갑자기 화장실에 가고 싶어진다. 겨우 얻은 자리 빼앗길세라 일어설 수도 없다. 시간은 어찌나 더딘지 입술을 깨물며 참아 보지만 눈가장자리가 젖어 온다.

화장실에도 가고 카페에 들러 커피를 마시며 쉴까 하고 일어서려는데 마침 옆자리가 비었다. 앉은 분이 조금 마른 여자 분이었다. 물끄러미 쳐다보니 고맙게도 어디 가느냐고 물었다. 부산이라니 자기는 대전 간다면서 친척 결혼식에 왔단다. 우선 화장실에 다녀오겠다며 냅다 뛰었다. 자리를 지켜 주어 고맙다는 인사로 겨우 입을 맞춰 얘기할 수 있었다.

갸름한 긴 얼굴에 꼬불꼬불 단발머리를 한 아주머니는 환갑을 작년에 지냈다고 한다. 자녀 이야기로 시작해 나이 먹으니 건강밖에 없다며 건강 예찬론이 벌어졌다. 일상생활의 얘기지만 아주머니는 꽤 재미있게 엮어갔다. 다섯 시 기차라며 4시 40분에 일어섰다. 잘 보낸 시간 고맙게 여기며 잘 가라고 인사를 했다. 아직도 한 시간이 남았다. 허전함과 무료함으로 온몸이 뒤틀리기 시작했다.

많은 여행객으로 붐비는 대합실은 복잡하기 그지없다. 생의 뒷부분에 서서 세상과 부딪쳐 살면서 예약의 편리함을 누리지 못한다. 필요성도 알고 실행하려고 애써 보지만 익숙지 않아 잊기도 잘하며 실천하려면 서툴기 짝이 없다. 예약했으면 좋았을 걸 후회하며 아는 사람이라도 눈에 띌까 주위를 두리번거려도 헛일이었다.

옆자리에 짧은 머리에 얼굴이 동그스름한 오십대 중반으로 보이는 여자 분이 앉았다. 인상 좋은 후덕한 가정주부로 보였는데 책을 꺼냈다. 눈이 마주쳐 미소를 지었다. 무슨 책이냐고 물으니 공지영 작가가 쓴 ≪도가니≫란다. 책과 독서에 대한 이야기를 나누었다. 책을 많이 읽는 편은 아니지만 너무 많은 책이 쏟아져 양서 찾기가 힘들다는 의견에 합의를 보았다. 짧은 시간이었던 것 같은데 어느새 50분이 지나 작별 인사를 하고는 일어섰다.

다리가 후들거리고 머리가 멍해 온다. 어찔하며 역사 천장이 빙빙 도는 것같이 어지럽기도 하다. 눈이 따가워 바로 뜰 수 없는 눈을 크게 껌벅이고는 마음을 바로잡아 서둘러 플랫폼으로 향했다. 주머니에서 기차표를 뽑아들고 열차 번호를 찾아 기차에 올랐다. 좌석을 찾으니 역방향 출입문 맨 앞자리 1번 D석 창가였다. 옆자리에는 50대의 좀 비대한 여자 분이 이미 자리를 차지하고 앉아 있었다. 밉도록 성가신 가방을 챙기고 자리에 앉으니 힘이 쭉 빠지고 허리 다리가 욱신거렸다.

다리에 힘을 주어 폈다 풀었다 허리를 엎드렸다 일으켰다 하고 나니 어깨 목까지 뻐근했다. 목운동까지 몇 번 하고는 자리에서 다리를 쭉 뻗었다. 의자에 깊숙이 기대며 눈을 감았다. 눈시울이 뜨거워지며 흐느끼고 싶은 마음을 억제하면서 긴 한숨을 토하고는 KTX에 몸을 맡겼다.

돌아온 프리지어 5

너들 먼저 먹어라

여름 끝자락 무더위가 힘을 잃어가나 했더니 아침저녁 산들바람에 물들어 가는 나뭇잎마다 그리움이 다가온다. 가을은 수확의 계절이지만 허전해 오는 마음은 감출 수 없다. 전화벨이 울려 수화기를 들었다. 서울 작은언니의 음성이 전선을 타고 들려온다. 오늘따라 어머니 생각이 간절하다며 울먹인다. 어머니 산소에 가고 싶다며 틈을 내어 오겠단다. 쓸쓸한 마음을 가다듬으니 가까이 어머니의 모습이 다가오는 듯하다.

어머니는 몸이 튼튼하지도 않았다. 외모가 헌칠한 것도 아니고 성품이 활달한 것은 더더구나 아니다. 얌전하시며 음성도 체구에 맞게 아주 가늘고 작으시다. 젊었을 때 무릎 관절염을 앓았다고 하시며 쪼그리고 앉았다 일어날 때는 몇 걸음 절룩거리다 천천히 걸으신다. 그러면서도 우리에게 불편함이나 힘들다는 내색은 일체 없으시다. 나약함 속에 강인함을 지녔으며 조용하면서 깊은 사랑을 품어 우리들의 아픔과 고통을 큰 사랑으로 어루만져 주었던 어머니는 봄을 빼고 철마다 보양식을 만들었다.

무더운 여름날에는 잉어찜을 만들어 주셨다. 새벽녘에 아버지는 큰 물통을 들고 서두르는 어머니를 따라 잉어를 구입하러 나선다. 해가 중천에 뜨면 입을 벌렁거리며 꼬리를 치켜들고 펄떡이는 잉어를 한가득 담아 차에 싣고 오신다. 아침 식사 후 손바닥만 한 잉어 비늘을 긁어내는 손질로 잉어찜 만드는 일이 시작된다. 요즘에는 즉석에서 말끔히 손질까지 해 주시만 그때는 생선을 집에서 손수 장만해야만 했다. 오랜 시간 끝에 손질이 끝나면 뒤뜰 가마솥에서 온통 비린내로 가득 채워 가며 잉어가 익어간다.

먼저 한숨 슈아(익혀)낸 후 간장, 고추장, 된장, 고춧가루, 마늘 등 갖은 양념을 빡빡하게 후려 대충 익어진 잉어에 한 켜 한 켜 일일이 끼어 얹는다. 약한 불에 오래도록 푹 익혀 국물이 거의 졸여지면 억센 뼈가 흐물흐물할 정도가 된다. 생선인지 양념인지 분간이 어려울 정도로 양념으로 둘러져 있다. 그래도 맵지도 짜지도 않을 뿐만 아니라 비린내도 전혀 없다. 잉어 살은 쫀득쫀득하여 씹다 보면 입 안에서 단맛이 고인다.

잉어찜을 만드는 날은 결혼한 언니 가족들과 서울에서 공부하는 동생들이 다 올 수 있는 여름 방학의 행사이기도 하다. 여름 보양식으로 온 가족이 모여 맛있는 식사를 하며 즐거운 시간을 갖는다. 다들 먹는데 정신이 팔려 어머니를 챙기지 못한다. 어쩌다 찾아보면 뒤뜰 그늘에 앉아 계신다. 왜 여기 계시냐고 물으면 곧 들어간다면서 "너들 먼저 많이 묵어라." 하신다. 온종일 땀을 뻘뻘 흘리며 일하는 어머니를 당연한 걸로 생각했다.

산들바람이 불어오며 가을이 깊어지면 논고동찜이 나온다. 뒤뜰 장독대 옆 수돗가에는 깨끗이 손질된 고사리, 숙주, 부추, 미나리, 대파 등 각종 채소가 몇 개의 큰 채반에 산더미같이 쌓여져 있다. 잘 씻어진 논고동이 물을 가득 채운 큰 사구(옹기 종류)에 담겨 있으며 찹쌀 가루, 들깨 가루도 수돗간 옆에 즐비하게 널려 있다. 종일 다듬고 씻은 그 많은 준비물이 하나의 찜으로 만들어진다.

저녁이 되면 온 가족들이 대청마루, 식당 방에 한방 모여든다. 가마솥에 끓인 찜을 큰 사구에 한가득 퍼서 부엌 부뚜막으로 옮긴다. 그런 후 가족에게 대접마다 한 그릇씩 담아낸다. 설익어 어우러진 갖은 채소가 찹쌀가루, 들깨 가루에 무쳐 빚어내는 맛과 향기는 이루 말할 수 없이 향긋하고 구수하다. 그러면서 논고동의 오돌오돌 씹히는 깊은 맛은 혀끝에 묻어난다. 밥도 필요 없고 어른들은 대충 두 그릇씩 비우고 물러선다.

겨울의 특별 메뉴는 소머리 곰국이다. 새벽에 부모님은 구포 도축장에서 소머리를 통째로 사서 적당히 잘라 큰 물통 두 개로 담아 오신다. 몇 시간 물에 담가 핏물을 뺀 후 가마솥에 물을 가득 붓고 장작불을 지펴 종일 끓인다. 고소하고 뽀얀 진한 국물 맛과 부위별로 독특한 맛을 내는 고기를 잘근잘근 씹는 맛은 지금도 잊을 수 없다. 지금까지 어디에서도 그런 맛의 곰국은 한번도 먹어보지 못했다.

　어머니의 솜씨는 이것만이 아니다. 복어국, 추어탕, 떡잎으로 만든 누른 콩잎 김치는 어디에서도 먹을 수 없는 우리 어머니의 손맛이다. 어머니만 생각하면 어디서 그런 힘과 손맛이 나는지 신기하면서도 가슴이 조여 온다. 뒤뜰에 걸려 있는 가마솥은 가족의 일 년 보양식으로 특별 음식을 할 때 없어서는 안 될 우리 집 건강을 지켜 주는 지킴이 역할을 했다.

　어머니는 팔 남매를 낳아 기르시며 한 아이에게도 소홀함이 없이 골고루 사랑을 주셨다. 장성하여 결혼 후에도 모였다 하면 삼십여 명 되는 대식구에게 먹을 것을 듬뿍 준비하셔서 마음껏 먹게 하셨다. 스무 명이 훨씬 넘는 손자 손녀들에게도 끔찍한 사랑을 베푼 할머니이시다. 그런가 하면 이웃 노인을 섬기는 일이나 젊은 사람을 포용하는 너그러움도 있다. 좁은 가슴으로 누구나 안으시는 넓은 마음은 천성인가 싶다. 사랑을 베푸는 일에는 누구도 흉내 낼 수 없는 나의 어머니다.

　나는 세상의 모든 어머니는 다 그런 줄 알았다. 아무리 힘든 일을 해도 어머니는 피곤하지 않은 줄 알았다. 내가 엄마가 되어 긴 세월 지나고 나서야 우리 어머니가 특별한 어머니임을 알았다. 어머니도 힘들게 일하면 피곤할 수 있으며 때로는 피하고 싶은 일도 있다는 것을 알았다. 일에 지쳐 손수 만든 음식조차 드실 수 없으셔서 뒤뜰에 넋을 놓고 홀로 앉아 숨을 돌리시던 어머니, 나중에 먹겠다고 "너들 먼저 많이 먹어라."고 꺼져가는 소리로 말씀하시던 어머니, 원래 소식을 하시므로 그런 줄 알았던 무심한 딸.

　힘든 걸음으로 병원에 다니시는 어머니를 보면서도 고통을 받는다는 생각을 못했다. 괴로움을 혼자 견디시며 전혀 내색을 않으시니 내 나이 환갑이 되어서도 어머니의 아픔과 고통을 감지하지 못했다. 어머니도 힘들면 지칠 수 있음을 너무 늦게 알았다. 칠십 고희가 되어서야 소심이 되어 온 딸이었다는 것을 알고는 어머니의 고됨을 헤아리지 못한 것이 아프게 새겨지지만 지금에야 무엇을 할 수 있는가. 나의 지병인 허리가 아파도 나는 아이들에게 얘기할 수 없으며 병원조차 갈 자격도 없다.

　여태껏 따뜻한 마음으로 살아온 나의 삶의 원천은 가마솥에 온종일 힘겹게 우려낸 어머니의 따뜻한 국물 맛의 힘이었다.

자린고비의 하루

　자린고비의 하루는 즐거웠다. 소슬바람이 불어오고 청명한 하늘이 높아만 가는 어느 날 친구와 나는 자린고비의 하루를 보냈다.
　용호동에 이사를 와서 1,500원에 맛도 일품이라는 소문난 국숫집을 알게 되었다. 호기심으로 점심시간에 들렀다. 신기하게도 허름한 가게 옆으로 손님들이 줄을 지어 기다리고 있었다. 조그맣고 어설픈 가게 안을 힐금 훔쳐보며 뒤로 가서 줄을 서서 기다렸다. 한참 만에 차례가 되어 가게 안으로 들어섰다. 좁디좁은 가게는 밖에서 바라보던 것보다 더 허술하며 비위생적으로 보였다. 국수를 주문하여 받으니 선불이란다. 바쁘게 값을 치르고 먹기 시작했다.

입소문대로 국수 가락과 국물 맛이 일품이었다. 노란 양재기에 담겨있는 국수에 꾸미라고는 국수 위에 부추 나물이 조금 얹혀 있을 뿐 상 위에 커다란 간장 양념 통만 덩그렇게 놓여 있었다. 누구나 부담 없이 먹을 수 있는 가정용 국수였다. 그래도 여느 분식점 못지않은 맛과 저렴한 가격에 북적거리는 이유를 알 수 있었다. 그 후로 식사가 어중간하면 가끔씩 들러 국수로 요기를 채우고 돌아올 때는 무척 만족스러웠다. 부담 없는 가격에 맛이 있어 좋고 허름한 좁은 공간에 북적거리는 사람들 틈에 끼어 먹는 것이 무엇보다 즐거웠다.

바로 옆집에 우엉 김밥 1,000원이라는 종이 글씨가 벽에 붙어 있다. 좁은 가게 안에서도 사람들이 김밥을 먹고 있었다. 재미있기도 하고 싼값에 마음이 끌렸다. 나중에 알고 보니 그것뿐만 아니었다. 김밥집 몇 집 건너, 정구지 지짐 1,000원(부추 부침개)이라는 쪽지가 붙어 있었다. 가게는 천막 가건물로 지지거리는 지짐 부치는 소리와 고소한 냄새가 길가에까지 번졌다.

용호동에는 소문난 팥빙수집이 있다. 이미 알고는 있었지만 찬 음식을 별로 좋아하지 않을 뿐더러 좀처럼 갈 기회가 없었다. 무더운 여름날 친목 모임을 마친 뒤 팥빙수를 먹기로 결정되어 나도 뒤따라 나섰다. 기다리는 사람들이 길게 줄지어 있으며 가게 입구는 그야말로 인산인해였다. 줄을 서서 기다리지 왜 저러나 했더니 포장 판매가 많기 때문이란다. 따가운 햇살에 길가에 서 있기란 견디기 힘들었지만 그래도 차례는 왔다.

가게 안으로 들어가도 아주 작은 공간에 빈자리는 보이지 않는다. 팥빙수 그릇을 받으면 스스로 빈자리를 찾아야 한다. 빈자리가 눈에 띄면 먹고 있는 손님 틈새로 미안함을 무릅쓰고 비집고 들어간다. 겨우 빈자리에 비좁게 앉았다. 팥빙수 내용물은 얼음 위에 팥이 꽤 많이 덮여 있고 노란 사과 쨈이 아주 조금 들어 있었다. 한입 넣어 보니 시원 달콤하며 여러 가지 첨가물이 들어 있지 않아 깔끔함과 먹는 순간 온몸에 시원함이 쫙 퍼졌다. 빙수값이 고작 2,000원, 맛도 일품, 가격도 저렴하여 기다린 보람이 있었다.

우리를 유혹하는 또 하나가 있다. 산들바람과 함께 오후 늦은 시간부터 굽기 시작한 길가 귀퉁이 붕어빵이다. 팥이 듬뿍 든 갓 구운 빵은 1,000원에 3개지만 유명 양과점보다 우리를 기쁘게 한다. 길을 걸으며 후후 불며 먹는 뜨거운 붕어빵은 맛도 맛이려니와 어디에서도 누릴 수 없는 즐거움이다. 우리 동네는 저렴한 가격 본보기 동네인가 하는 어처구니없는 생각을 해 보기도 한다.

사소한 것에 흠뻑 취하다 보니 장난기가 발동했다. 만 원으로 동네를 돌며 맛있는 것 다 먹으며 하루를 즐겨보자는 친구의 기발한 아이디어가 나왔다. 각자 만 원씩 갹출하여 이만 원으로 짠돌이 하루를 살아 보잔다. 우스개 같은 얘기로 실전에 들어가 보자고 했다. 오른손을 치켜들어 하이파이브로 의견 일치를 보았으나 좀처럼 기회를 잡을 수가 없어 차일피일 미뤄졌다.

하늬바람으로 옷깃을 여미게 하는 어느 가을날 자린고비 하루를 실천할 수 있는 날이 왔다. 다소 부풀은 마음과 터져 나오는 웃음을 참으며 열 시에 아침 식사를 위해 힘차게 국숫집으로 향했다. 설렘과 호기심에 찬 마음을 안고 가게 안으로 들어가 몇몇 안 되는 손님들 틈에서 국수 한 그릇을 비웠다. 의기양양하게 팥빙수 집으로 향했다. 차가운 팥빙수를 시원하게 먹고는 장자산에 올랐다.

하늘 끝까지 고조된 마음으로 지출된 돈을 계산했다. 7,000원 지출에 13,000원 남았다. 정오의 한가로운 시간에는 어디를 가나 조용했다. 새벽이나 아침 장자산은 사람들의 발걸음이 잦아 붐빌 정도인데 지금은 한적하기 그지없다. 산 정상을 지나 팔각정에 도착했다.

인적이 드물고 고즈넉한 숲 속에는 우거진 나무들이 뿜어내는 산소로 공기는 맑고 신선하기까지 했다. 눈을 지그시 감고 심호흡으로 도심의 먼지를 힘껏 뿜어내고 깨끗한 공기를 한껏 들이마셨다. 자연의 배려에 고마움을 느끼며 쨍하게 내리쬐는 햇빛을 바라본다. 눈과 마음을 가다듬으며 돈을 쓰지 않아도 얻을 수 있는 자연의 덕을 마음껏 누렸다.

우리만 즐기고 있는 자린고비의 흉내에 취해 얼굴을 마주 보며 웃고 또 웃었다. 한가롭게 노래를 불렀다가 옛 얘기로 흥분된 마음을 가라앉히며 피로를 푼 후 벤치에서 일어났다. 돌아오는 길에 시간이 좀 이른 것 같아 올레길을 걷기로 했다. 따가운 한낮의 햇살이 우리 몸을 나른하게 만든다. 찰싹거리는 파도 소리와 싱그러운 풀 향내가 미풍을 타고 코끝에 스며든다. 보랏빛 들국화로 가을의 정취를 느끼며 숲 속으로 접어들었다. 오후의 오솔길 산책은 우리를 사색에 잠기게 만든다. 공짜로 베푸는 자연의 고마움을 한껏 누리며 조용히 산책길을 벗어났다.

갑자기 배가 고프고 피곤이 몰려와 시계를 보니 3시가 훨씬 지났다. 서둘러 김밥집으로 향했으나 너무 먼 것 같았다. 가까이 있는 붕어빵 생각이 났으나 이른 시간이라 아직 보이지 않았다. 김밥집에 도착하여 김밥 두 줄을 주문하고는 잽싸게 부추 부침개 가게로 갔다. 부침개 두 장을 주문해 놓고 김밥집으로 달려 차려놓은 김밥을 된장국과 허겁지겁 먹고는 부침개 가게로 되돌아갔다. 종잇장같이 얇게 부쳐 놓은 부침개 한입에 고소하면서 아삭아삭함이 나의 혀끝을 간질거렸다.

허기진 배를 채우고 가게를 나와 돈을 계산하니 김밥 2,000원, 부침개 2,000원, 합계 4,000원, 아침 식사를 합하면 도합 11,000원 지출이었다. 붕어빵을 사고 나면 7,000원이 남는다. 커피는 분위기 있게 마시고 싶지만 카페에는 기본이 한 잔에 4,000원이다. 붕어빵을 포기할까 하다 9월부터 팔기 시작한 단팥죽을 먹기로 했다. 커피를 그만두고 단팥죽 집으로 향했다. 달콤한 단팥죽을 먹고 부른 배를 안고 돌아왔다. 오는 길에 살까 말까 망설이다 붕어빵을 사고도 3,000원 남았다. 커피 생각이 간절해 주위를 두리번거리다 사우나 입구에 설치된 자판기가 생각났다. 잽싸게 달려가 커피 두 잔을 뽑았다. 사우나 안내 요원에게 붕어빵 하나씩 건네고 나무 의자에 앉아 붕어빵과 마시는 커피 향기에 행복한 미소를 지었다.

커피 두 잔에 600원, 남은 돈 2,400원으로 길가 세워진 자동차 아저씨께 단감 네 개를 샀다. 과일까지 챙긴 발걸음은 날아갈 듯 가벼웠다. 발갛게 물든 서산 노을의 해도 서서히 기울어지며 자린고비의 하루가 저물어 간다.

돌아온 프리지어

식탁 위에 샛노란 프리지어가 봄을 재촉하고 있다.
해 질 무렵 집으로 돌아오는데 귀퉁이 꽃집에 프리지어가 싱그러움을 뿜어내고 있었다. 마음이 울컥해 두 묶음 샀다. 연신 향기를 맡으며 화병에 꽂아 식탁 위에 올렸다. 이번 봄은 프리지어와 함께 맞고 싶다. 의자에 앉아 턱을 고이고 채 피지도 않은 꽃망울을 멀거니 바라보며 그날을 생각한다.
3월이 접어드는 이른 봄날이었다. 저녁 준비를 하려는 늦으마한 오후 같은 아파트 바로 옆줄에 사는 오랜 친구가 아직 채 피지 않은 프리지어를 한아름 안고 문을 두드렸다. 환한 웃음과 함께 들어서는 갑작스러운 프리지어가 나를 놀라게 만들었다.

　은행 옆 모퉁이에 물통 두 개에 꽃을 담아 파는 길가 꽃집이 있었다. 친구가 은행에서 일을 마치고 나오는데 아주머니가 바쁜 일로 집에 들어가야 한다며 남은 세 묶음을 떨이로 두 묶음 값을 달라고 하였다나. 꽃보다 푸르스름한 꽃망울이 더 많은 꽃 단과 아주머니의 눈빛을 보고는 그냥 지나칠 수 없어 둘이서 한 묶음 반씩 나누자며 들고 들어왔다.

　나는 잽싸게 꽃병을 찾아 물을 채웠다. 꽃을 꽂으려고 받아 보니 꽃 단도 제법 두툼했다. 칙칙한 겨울을 보내고 산뜻한 3월을 맞으라는 봄의 선물이란다. 전혀 생각지도 못한 친구의 생뚱맞은 행동에 놀라면서도 고맙고 기뻤다. 봄의 왈츠라도 출까 손을 치켜들고 하이파이브로 맞장구치며 즐거운 시간을 보냈다.

　나는 프리지어를 좋아한다. 어느 꽃인들 예쁘고 좋지 않으랴마는 특히 프리지어는 산뜻하고 선명하다. 천진난만하면서 깨끗함을 지닌 봄과 가장 잘 어울리는 꽃이다. 샛노란 꽃잎은 보드라우면서도 보기와는 달리 쉽게 시들지 않고 오래 보존된다. 꽃잎이 상큼한 향기를 내뿜으며 하늘을 향해 쭉 뻗은 늘씬한 모습은 세련미 넘치는 서양 아가씨처럼 멋있다. 봄이 오기도 전에 봄꽃 선물을 받았으니 올봄은 행운이 찾아 올 것같이 기대가 된다.

　다음 날 아침 대충 일을 끝내고 프리지어에게 찡긋 눈짓을 하고는 서둘러 친구 집으로 달려갔다. 꽃망울이 터질 듯 프리지어가 꽃병에 가득 꽂혀 식탁 위에 놓여 있다. 우아하지도 않으면서 당당하고 멋스러움을 지닌 꽃을 마주하여 커피를 마시며 마음껏 기쁨을 나눴다. 그러면서도 꽃과 꽃병의 불협화음으로 마음에 불편함을 느꼈다.

프리지어는 키도 크고 단순하여 도시적인 꽃인데 비해 볼록하고 색깔도 진한 자주 화병이 간결한 프리지어의 멋을 살리지 못했다. 꽃병이 작아 꽃이 제구실을 못하니 꽃병을 사러 가자고 했다. 친구는 네 집 꽃병보다 비싼 거라며 꿈쩍도 않는다. 장미나 카네이션이면 몰라도 이 꽃은 아니라고 다그치며 일어섰다. 귀찮은 듯 얼굴을 찌푸리고 따라 나오며 연신 중얼거린다. 나는 아랑곳하지 않고 앞장서 가며 걸음을 빨리한다. 시장 그릇전에 들러 사각형인 높고 투명으로 된 유리 꽃병을 구입하여 돌아왔다. 새 꽃병에 꽃을 옮겨 놓으니 한결 좋아 보였다. "어때?" 하니 "됐어." 하고 웃었다.

싱그러운 꽃망울로 기쁨을 주던 프리지어는 날이 가면서 샛노란 꽃잎을 터뜨렸다. 어느 날부터 활짝 피어 본연의 자태를 뽐내기 시작한다. 새벽에 일어나 부엌에 들어서면 향긋함이 코를 찌르며 노란 꽃잎이 먼저 눈에 들어온다. 흠칫 놀라 마음을 설레게 하는가 하면 하루의 시작을 희망차게 만들기도 한다. 친구가 꽃을 선물한 것이 아니라 즐거운 시간을 선물한 듯 더욱 고마움을 느낀다. 빙긋 웃으며 혼자 사뿐사뿐 걷고 싶기도 하는가 하면 손자들과 짝짜꿍도 하고 싶다. 친구들과 즐거운 수다도 떨고 싶으며 내 마음은 어느새 하늘로 날아오른다.

아침 식탁을 차리다 보니 무엇이라도 할 것 같은 기분이다. 프리지어같이 세련된 매무새로 매력 넘치는 멋진 여자가 되고 싶다. 순진한 웃음으로 사람들에게 기쁨도 주고 싶다. 가슴을 활짝 펴 심호흡을 크게 한다. 봄이 오는 거야. 움이 돋고 꽃이 피는 3월 산기슭에는 아지랑이가 피어나겠지. 나도 힘이 용솟음치게 하는 봄의 향기를 내뿜으리라. 꽃을 선물한 친구의 고마움으로 행복감에 젖어든다.

그날의 프리지어는 내게 큰 기쁨과 희망을 주었건만 오늘의 프리지어는 서글픈 추억으로 눈시울을 뜨겁게 한다. 친구는 학구적이라 책도 많이 읽으며 속이 깊어 인격적으로 주위 사람들을 많이 배려하는 성품이었다. 그런가 하면 경제적으로 이제에도 관심이 많아 깐깐하다 할 정도로 생활에 철저했다. 그런 그가 무슨 마음이었든지 엉뚱하게 프리지어 한아름을 선물했다.

느닷없이 꽃을 선물 받은 지 일 년 만에 친구는 영영 떠나갔다. 수영으로 다져진 단단한 몸매이었건만 말기 암의 진단을 받더니 소리 없이 허물어져 갔다. 마른하늘에 날벼락이라는 말같이 친구는 이렇다 말 한마디 없이 세상을 뜬 거다. 부음의 전화를 받는 순간 숨을 쉴 수 없었다. 아깝고 억울해하면서 친구를 보냈다. 이별을 예견한 듯 선물한 프리지어도 그를 따라 보냈다.

나는 지금껏 프리지어를 가까이하지 않았다. 프리지어 꽃에 친구 얼굴이 겹쳐져 볼 수 없었다. 십여 년이 지나다 보니 안타깝게도 친구가 서서히 잊혀 지면서 프리지어가 눈에 들어온다. 봄이 다가오는 날 친구를 보려고 꽃을 샀다. 그를 그리며 프리지어를 바라보고 있다.

그 섬에 가고 싶다

　남해의 많은 섬은 자연이 만들어 준 걸작품이다. 푸르른 넓은 바다 위에 제멋대로 놓여진 섬들은 오랜 세월과 함께 잘 다듬어진 조각품같이 널브러져 있다. 작열하는 태양과 비바람에 다져질 대로 다져졌으며 파도와 바람에 깎일 대로 깎인 어느 누구도 흉내 낼 수 없는 작품들이다. 맑은 가을날 지평선 너머 지구 끝이 보일 것 같은 통영의 바다 풍경이다.
　한국의 나폴리라 일컫는 남쪽 바다를 중점적으로 둘러보기로 하고 통영의 달아 공원에 올랐다. 가파르지도 높지도 않은 공원에 오르니 눈앞에 펼쳐진 많은 섬이 우리를 반긴다. 여러 번 보아왔지만 남해 섬들의 진풍경을 잊지 못해 가끔씩 생각났던 남쪽 바다였다. 침묵이 미덕인 양 덤덤하기만 한 섬들 위로 걸리버 여행기에 나오는 대인 나라의 거인들이 장화 같은 부츠를 신고 이 섬 저 섬으로 성큼성큼 건너뛸 것 같은 정경에 그저 멍청히 바라볼 뿐이다. 긴 장화를 신고 나도 한번 펄쩍펄쩍 건너뛰고 싶은 철부지 생각에 어이없어하며 돌아섰다.

다음 일정은 미륵산에 오르는 일이었다. 산행을 하는 등산객들은 걸어서 오른다지만 케이블카를 타기로 했다. 산기슭에 자리 잡은 터미널로 옮겨 케이블카에 올랐다. 골짜기를 따라 정상을 향해 오르는 케이블카 아래로 펼쳐지는 정경은 오묘하기 그지없다.

오색 단풍들과 청청한 푸른 소나무의 절묘한 어울림에 탄성이 절로 난다. 산 위로 점점 올라가면서 바다가 접해져 있는 산자락에 조그만 파도가 바위에 부딪치며 일어나는 하얀 물거품 또한 일품이었다. 파란 바닷물과 바위에 부딪혀 흩어지는 하얀 물거품에 나무들의 조화는 어느 그림과도 비교할 수 없는 신기루 같아 눈을 뗄 수 없다. 경치에 취한 마음 가다듬기도 전에 전망대에 도착하여 흔들리는 케이블카에 쫓겨 급하게 내렸다. 전망대서 내려다보는 정취는 가히 환상적이었다. 이곳에 펼쳐진 섬들은 달아 공원의 경치와 또 다른 장관을 이루었다.

바다 위에 떠 있는 섬들은 크기가 다를 뿐 아니라 생김새도 다르다. 야트막하면서 길쭉하게 생긴 섬이 있는가 하면 토막 난 것같이 짤막한 섬도 있다. 둥그스름한 큰 섬 옆에 납작하게 모난 섬들이 제멋대로 펼쳐져 있다. 어떤 섬들은 아주 가깝게 붙어 있으면서 어느 섬은 멀리 떨어져 있기도 하며 바다 한가운데 독불장군같이 우뚝 솟은 섬도 있다. 멀리 외롭게 떨어져 보일 듯 말듯 가물거리는 섬도 있다. 요정 같은 섬들이 멀리 가까이 그림같이 펼쳐져 있다. 파란 하늘의 뭉게구름과 넘실거리는 바다와의 어울림이 어느 누구도 흉내 낼 수 없는 자연의 신비스러움이었다.

전망대에서 숨을 고른 후 더 높은 정상에 올랐다. 하늘과 맞닿은 듯 정상에는 사방으로 확 트인 바다 위에 또 다른 정경이 눈앞에 펼쳐진다. 같은 바다 위에 움직일 수도 없는 섬들이 묘기를 부리듯 사뭇 다른 광경으로 다가온다. 지평선에 이르기까지 은빛같이 빤짝이며 미동도 하지 않는 섬들의 풍경에 짜릿한 전율이 일어난다.

열 번 넘게 일어난 임진왜란에 전승을 거둔 영광의 바다, 전쟁 속에서 하나도 헛되지 않게 적절하게 사용되었던 많은 섬. 나라를 구해준 고마운 섬들이기도 하다. 거친 폭풍우가 많이도 몰아쳤을 것이며 한여름의 이글거리는 태양열에도 위풍당당하게 견디어 낸 힘도 해전의 전승 위력이었을 것이다.

섬들 한 자락에 몇 채 되지 않은 집들이 보인다. 가물거리며 보이는 집에는 바다와 더불어 고기잡이로 살아가는 사람들이 살고 있겠지. 평생을 섬 안에서 파도와 싸우며 운명처럼 살아가는 사람들, 젊은 나이에 배를 타고 거친 바다에 그물을 치며 평생을 살다 해넘이에 걸친 사람들, 한세상 보낸 것이 그래도 잘 살았다고 체념하며 살겠지. 뭍에 사는 자녀들을 자랑스럽게 여기며 손자 손녀들을 앞세우고 찾아오기를 기다리며 바다와 살아가는 사람들, 오늘도 새벽을 깨워 고기잡이배를 띄워 깊은 바다를 향해 힘차게 나아갈 것이다.

섬들 속에는 저마다의 이야기가 있을 것이다. 우리의 인생살이같이 길고 긴 세월 동안 수많은 일들이 있었을 것이다. 전쟁으로 힘겹게 지나며 나라에 덕을 끼친 섬이 있는가 하면 사람들의 보호를 받으며 별 어려움 없이 평안을 누렸을 섬도 있을 것이다.

모양새가 작아 볼품없는 섬이 있는가 하면 높기만 하여 바람에 부딪혀 부러진 나무들이 부지기수인 섬도 있을 것이다. 비만 오면 바다에 잠겨버리기 일쑤인 낮은 섬도 오직 침묵으로 늠름하게 자리를 지키고 있다. 온갖 상처를 입으면서도 숨지도 피하지도 않고 꿋꿋이 다 받아넘기는 섬들이다. 가진 그대로의 너그러움과 넉넉함으로 힘들게 살아가는 우리에게 기쁨과 감동을 주는 섬들 앞에 심오함을 느끼며 고개가 숙여진다.

물에 잠겨 보일 듯 말 듯 아련히 보이는 낮고 작은 섬, 폭우가 치면 물에 잠겨 사람이 살 수 없을 것 같은 섬, 물에 잠긴 둥지를 버리고 나무 끝자락에 앉아 하늘을 쳐다보며 비를 맞고 떨고 있을 새들, 가뭄으로 섬이 메말라지면 사나운 짐승들이 서로 할퀴고 포효하며 보낸 날들, 그로 인해 혼자 아파하며 견딘 아픈 상처를 지닌 나무들.

그곳에는 어느 누구도 숨을 쉬지 않은 맑은 공기가 쌓여 있을 것이며 새들의 지저귐도 들어 주는 이 없는 조용한 곳. 땅속에 집을 짓고 먹이를 구하러 땅을 휘젓고 기어 다니는 개미떼의 행렬, 잠자리, 나비들이 날아다니며 매미들이 노래 부르는 한가로움이 있는 곳. 그 풍요로움을 즐길 사람이 없는 버려진 섬의 인내력을 배우고 싶다.

　사람의 숨결이 닿지 않은 고독과 공허만이 쌓여 있는 외로운 섬, 누구 하나 찾아 주는 이 없이 혼자 묵묵히 지켜 온 그 섬에 가고 싶다.

시장 순례

　추적추적 비가 오는 우중충한 날이었다. 장마철이긴 하지만 유난히 비가 잦았고 무더웠던 이번 여름이었다. 월요일이지만 비가 내리고 바람까지 겹쳐 산행 일정이 중단되었다. 갑자기 할 일이 없어 멍해진 얼굴로 무엇을 해야 하나 비 오는 창밖을 내려다본다.
　음악을 켜고는 커피를 준비한다. 거실을 어슬렁거리며 커피가 내려지기를 기다리는데 요란하게 인터폰이 울렸다. 아파트 옆 동에 사는 친구의 음성이다. 비가 와서 혹시나 하고 연락했다기에 커피 마신다니까 한달음에 달려왔다. 커피를 마시며 수다를 떨다 아까운 시간 보낸다면서 부평동(깡통)시장에 가면 어떻겠느냐는 친구의 제안이다.

　부평동시장을 애용하는 친구에 비해 나는 서면 부전시장을 이용하는 편이다. 채소나 생선 같은 찬거리는 부전시장을 이용하며 저장 식품이 필요하거나 생활필수품은 대체로 가까운 마트에서 구입한다. 나는 필요로 하는 물건도 없으면서 딱히 할 일도 없고 비가 와서 따라 나서기로 했다. 점심시간이 가까워져 오는 어중간한 시간에 질퍽거리는 비 오는 거리를 나섰다. 버스를 타고 남포동에 내려 시장으로 향했다.

　부평동시장은 국제시장과 길 건너 나란히 마주하면서 오래된 시장이다. 국제시장은 비단, 의류, 문구, 액세서리 등 생활필수품을 조달하는 상가였고 부평동시장은 생선, 채소 등 주로 식품을 공급하는 재래시장이다. 사거리시장이라고도 불리던 시장이 언제부터인지 깡통시장으로 불리면서 식품, 의류, 장식품, 그릇뿐만 아니라 여러 종류의 수입품도 취급한다. 그러면서 시장이 크게 활성화되면서 요즘은 국제시장보다 취급 품목들이 훨씬 다양하고 이용객이 많아졌다. 평소에는 가게 골목길이 비좁을 정도로 붐비는데 비가 와서 그런지 오늘은 시장 거리가 한산하여 조용하기까지 했다.

　우리는 우선 친구의 단골 가게인 의류 가게로 들어갔다. 시장이 한산하여 손님이 없던 차에 주인은 반가워하면서 친절히 맞아 주었다. 들어서자마자 친구는 작은 가게에 비좁게 촘촘히 쌓여 있는 상품들을 둘러보았다. 이것저것 만지며 펼쳐보기도 하면서 가격을 물어보는데 귀가 쫑긋했다. 색상과 디자인이 마음에 드는데 바지가 단돈 만 원, 면 티 한 장에 오천 원 놀라지 않을 수 없었다. 의자에 앉아 멀거니 바라만 보고 있던 나는 슬며시 일어나 옷을 만지작거렸다. 면 티가 촉감도 좋으며 질감도 괜찮아 보였다. 마음에 드는 옷을 한 장 골라 입고는 거울 앞에 서 보니 그런대로 모양새가 나는 것 같았다.

선반 위에 몇 줄로 빼곡히 쌓여진 면 티를 고르기 시작했다. 이것 저것 여러 장 펴 봐도 보는 것마다 값에 비해 예쁘고 좋아 보였다. 바지도 입어 보았다. 집안에서 작업복으로 입기 안성맞춤이며 때로는 외출복도 될 것 같았다. 바지는 검정, 베이지, 브라운, 흰색으로 골고루 넉 장을 고른 후 티셔츠는 고르다 보니 무려 여덟 장이었다. 값에 비해 질감도 별로 떨어지지 않은 것 같아 생각나는 사람들과 나누고 싶었다.

구입한 옷이 무려 열두 장이지만 가격은 팔만 원이었다. 허드레 옷에 비해 비용이 좀 많은 것 같지만 나누어 입을 사람들 생각에 기분이 좋았다. 값이 싼 옷이지만 입기 편하고 디자인이 그런대로 마음에 들어 날씨와는 달리 화창한 봄날 같았다. 짐은 다소 무거웠으나 그럭저럭 비는 그칠 것 같고 가게를 나서는 발걸음은 꽤나 가벼웠다.

집으로 돌아오는 길에 그의 단골집이라면서 식품점, 수입품 의류, 바지 전문집을 거쳐 여러 가게를 골고루 들리는데 놀라웠다. 종류가 다양하고 상품이 많기도 한데 들어서는 가게마다 주인과 인사를 나누며 반가워하는 모습은 다른 사람같이 보였다. 정답게 얘기를 나누면서 이것저것 상품을 만져 보며 구경하는 모습이 재미있고 신통하기까지 했다.

점심시간이 지난 지가 꽤 되어 배가 고프다니까 어묵을 먹자면서 길거리에 널려 있는 포장 가게로 갔다. 줄지어 늘어선 비좁은 가게에서도 맛있는 단골집으로 찾아가는데 놀라웠다. 무거운 짐으로 어깨가 처져도 어묵 먹는 재미가 즐거웠다. 옆 가게가 단팥죽이라 먹자고 하니 단 것이 싫다고 거절했다. 사정하면서 졸라 한 그릇으로 둘이서 나눠 먹었다.

나도 가끔씩 부평동시장에 오기는 했어도 빵 굽는 재료나 용기를 구입하러 왔다. 때로는 어묵 같은 특별 품목이 필요할 때도 들리지만 나는 필요한 것만 구입하고는 곧장 집으로 향한다. 그는 아직도 할 일이 있다면서 신발가게로 들어갔다. 이것저것 보는 옆에서 나 역시 은근슬쩍 만지고 신어보다 두 켤레를 골랐다.

아직도 그의 시장 순례는 끝나지 않았다. 친구는 부드럽고 붙임성이 있어 어딜 가도 대환영이다. 단골 가게 주인이 끓여 주는 커피를 얻어 마시며 명랑하고 활짝 웃는 그의 성품이 부럽기도 했다. 걸핏하면 부평동시장 다녀왔다는 친구의 시장 나들이를 이제야 알 것 같았다. 우리의 인생살이도 사람 따라 다를 것이다. 본인의 이상과 생각에 맞춰 행동하며 꾸려나간다는 것이 새삼스럽게 느껴진다.

나는 집에 가고 싶었다. 배도 고프고 힘이 들기도 하지만 구입한 옷들을 풀어헤쳐 입어보고 맞춰보고 싶었다. 몇 번 조른 후에야 어쩔 수 없다는 듯 발길을 돌려 버스에 올랐다. 무거운 짐을 들었지만 비가 그친 것 같아 별로 불편하지는 않았다. 조금은 흥분과 호기심으로 들뜬 마음이라 버스가 너무 느린 것 같기도 했다. 무릎 위에 얹힌 두툼한 비닐 보퉁이에 마음이 부풀기도 하며 하늘을 날아오르는 기분이다. 버스에서 내리자 잰걸음으로 집으로 향했다.

 배가 고팠으므로 무거운 짐을 팽개치듯 던지고는 제일 빠른 라면을 끓여 있는 밥으로 대충 차렸다. 거실에 던져진 비닐 보퉁이를 흘금흘금 바라보며 허겁지겁 먹는 둥 마는 둥이었다. 요란하게 소리를 지르며 비닐에 쌓인 옷을 쏟아 부었다. 이것저것 가릴 것 없이 닥치는 대로 입기 시작했다. 둘이서 내 것 네 것 정신없이 입어보고 신어 보는데 오두방정이 따로 없다. 구입한 새 구두를 번갈아 신고는 바쁜 듯 날갯짓하며 거실을 걸어 다닌다. 비는 내 마음같이 말끔히 그쳤다.

나이를 먹고 보니

 묵은해를 보내고 새해를 맞았다. 그동안 바쁘게 살면서 나이 듦에 대한 애석함과 안타까움을 별로 느끼지 못했다. 금년에는 크리스마스를 보내고 신년을 맞으면서도 나이를 먹지 않으려고 음력설이 더디 오기를 바라고 있었다.
 어느 틈엔가 바쁜 생활에서 벗어나 여유롭고 자유로운가 싶더니 가끔씩 허전하면서 두려움이 엄습하기도 했다. 밋밋한 생활에서 벗어나고 싶어 주위를 기웃거려 본다. 어디를 가나 꽉 찬 나이로 불편을 느낄 정도의 어른이 되어 있었다. 그제야 내 나이가 너무 많다는 것을 알고는 놀라움을 금치 못했다.

길기도 긴 세월 동안 딱히 한 것이 아무것도 없다. 남은 일이라고는 세 아이를 키운 일 뿐이다. 아이들마저 훌륭하게 키운 것도 아니고 보통 엄마에 보통 아이로 키웠다. 이제 나에게는 책임져야 할 어떤 일도 없는 홀가분한 날들이다. 주어진 여건 속에서 아이들에게 걸리적거리지 않고 살아야 하는 일뿐이다. 마음먹기에 따라 잘하면 값진 삶이 될 수 있을 것도 같지만 무의미하게 살지 않을까 두렵기도 하다.

앞으로 살아갈 생활에 대해 준비해야 겠다는 생각이 절실하다. 나는 늙음에 대한 준비가 거의 없다. 아이들만 키워 놓으면 나이 먹는 것은 저절로 해결되는 줄 알았다. 우리들 세대에서는 사회 분위기가 가정과 자식 외에 나 자신을 생각한다는 것은 죄스러운 일로 여겨졌다. 젊었을 때는 늙는다는 것이 아득한 옛일로 이렇게 급히 찾아오리라고는 예상치 못했다.

경제와 의학의 발달로 평균 수명이 길어졌다는 글을 심심찮게 볼 수 있었다. 정신을 차려 보니 그 글들이 내 일이 되어 있었다. 막다른 골목길에 선 것 같은 놀란 가슴 초조하기까지 하다. 부드럽고 윤택한 노후를 보내고 싶은 생각에 어설프게나마 계획을 세워보기로 했다. 경제적으로 과분하지 않으며 건강에 무리가 없으면서 오래 계속 할 수 있는 일을 찾아야 할 것 같다.

오래전에 영국 귀족에 대한 이야기를 책에서 본 적이 있다. 영국 귀족의 자녀들은 그들의 신분을 유지하려면 갖추어야 할 교양 조건 세 가지가 있다고 한다. 운동과 예술, 요리에 각각 하나씩 전문가 수준이 되는 것이 귀족 자제로서의 의무라고도 한다. 그 예로 찰스 왕세자는 그림을 그리고 폴로를 하며 샐러드를 썩 잘 만든다고 한다. 그런 맥락에서인지 왕세자가 최근에 런던 화랑에서 그림 전시회를 연 적이 있었다. 폴로 게임에 출전하여 선수들과 맞붙어 시합하는 것을 TV에서 보았다. 또한 그의 샐러드 요리는 어디를 내어 놓아도 뒤지지 않는 일품이라고 한다.

서양에서는 어릴 때부터 학교수업 외에 적성에 맞는 과외활동을 한다. 자신이 잘하는 분야를 선택하여 꾸준히 가다듬는다. 성인이 되어 직장생활을 하면서도 취미 활동을 계속 할 수 있다. 그런가 하면 파티 문화가 있어 친분이 가까운 친구들을 초대하여 만남의 열린 장을 만든다. 남녀가 모여 직장과 문화생활의 정보를 나누며 교양을 쌓기도 한다. 그러면서 가치관이 같은 상대를 만날 수 있으며 이성 교제가 이루어지기도 한다.

이런 사회 구조 속에서 자란 서양 사람들은 나이를 먹어도 할 일이 있다. 경제적으로는 국가에서 보장해 주며 나름대로의 여가 생활을 할 수 있는 여건이 되어 있다. 그동안 꾸준히 쌓아 온 자기만의 일을 스스럼없이 하면서 가치 있고 여유로운 삶을 누리기도 한다.

그에 반해 우리나라는 남녀칠세부동석이라는 제도가 있었다. 일곱 살이 되면 남녀가 한자리에 앉을 수 없다는 얘기다. 남자들은 언제나 외부 출입을 할 수 있으나 여자들은 안채에서 바느질을 가르치며 바깥출입을 자제시켰다. 그나마 외출할 때면 쓰개치마로 눈만 내어 놓고 얼굴을 가리고 다녔다. 나의 세대는 이 정도는 아니었으나 늙음의 준비란 생각할 수조차 없었다.

요즘은 나라 경제가 윤택해지고 서양 문물이 들어와 관습과 가정생활이 많이 달라졌다. 아이들은 결혼하면서 분가하여 살기 때문에 어쩔 수 없이 우리도 자립해야만 했다. 급격한 변화에 부모들이 당황할 수밖에 없으나 어쩔 수 없이 독자적인 생활을 하고 있다. 그러다 보니 경제적으로 어려움을 겪고 있는 부모도 적지 않다.

준비 없는 늙음에 후회하며 맥 놓고 있는 것보다 늦었지만 작은 것이라도 시작하는 것이 좋을 것 같다. 이어령 씨의 취미생활에 대한 준비라는 칼럼을 읽은 적이 있다. 여가 생활을 할 때는 직접 참여하는 것이 좋다고 했다. 미술관에서 그림 감상도 좋지만 미숙하더라도 자기가 직접 그림을 그리는 것이 좋으며 음악회를 가는 것보다 직접 노래를 부르고 악기를 연주하는 것이 기쁨이 훨씬 크고 오래 향유할 수 있다고 한다.

그 글을 읽고 나는 한동안 큰 충격에 빠졌다. 마음을 추슬러 느슨하게 생각해 보았다. 운동으로는 선택의 여지도 없이 걷기를 계속하고 싶다. 등산팀도 이미 구성되어 일주일에 한 번씩 산에 오르고 있으니 그런대로 안성맞춤인 것 같다. 그림과 악기는 어림도 없는 일이며 기회 닿는 대로 화랑에라도 자주 들르고 싶다.

글쓰기에 충실하고 싶다. 글 쓰는 재주가 있는 것이 아니지만 어렵사리 수필 교실에 문을 두드렸으니 부끄러움을 무릅쓰고 꾸준히 다닐 것이다. 바쁠 것도 잘할 것도 없이 서서히 진행하고 싶다. 능력과 열심보다 끈기로 꾸준히 이끌어 나가고 싶다. 문학적이고 수

준 높은 글도 좋지만 상처받은 마음을 씻어 주며 은은한 감동을 주는 글을 썼으면 하는 바람이다. 시작이 반이라는 말도 있지 않은가.

크리스마스이브의 축제

　오래전부터 서울에서 크리스마스이브를 맞고 싶어 기회가 오기를 기다렸는데 오늘에야 이루어졌다. 성탄절은 동서양을 막론하고 '하늘에는 영광 땅에는 평화'의 슬로건을 내걸고 온 세계의 축제일이다. 예수 탄생은 인류를 죄에서 구원하기 위한 성육신의 큰 진리가 있기에 세계의 크리스천들은 예수의 탄생을 기뻐하고 축하한다. 예수를 믿지 않는 사람들은 즐기는 크리스마스지만 하나님의 특별한 은총으로 구원의 기쁨과 감사가 충만한 거룩한 날이다.
　세계 어느 나라에서나 성탄절이 가까워지면 예수 탄생을 축하하기 위해 크리스마스트리로 기쁨을 표현한다. 우리나라에서도 12월이 되면 서울 시청 앞 광장에 웅장하고 화려한 크리스마스트리가 세워진다. 경건함과 거룩함 속에서 점화식을 행하며 크리스마스트리가 환하게 광장을 밝힌다. 기쁨으로 환호하는 사람들의 모습을 TV 화면으로 보면서 나도 직접 참여하고 싶었다. 뿐만 아니라 인접한 백화점들의 찬란하게 꾸며진 트리도 보고 싶었다.

기억에 남을 만한 크리스마스 추억을 만들자는 친구의 의견에 따라 24일 오후부터 추억 만들기에 나섰다. 멋진 저녁 식사로 오프닝한다며 남산 타워 레스토랑을 택했다. 서울에서 가장 높은 식당에서 하나님을 올려다보고 인간 세상을 내려다보면서 분위기 있는 식사로 시작한다는 깊은 뜻이 숨어 있단다. 남산 타워를 가기 위해 친구와 남산에 오르는 산책길에 접어들었다. 올겨울 들어 가장 추운 날씨라고 연일 방송을 하더니 칼날 같은 추운 날씨에 세찬 바람까지 불어 걷기가 힘들었다. 걷기를 포기하고 셔틀버스를 이용하기로 하고는 버스 정류장을 찾았다.

많은 사람이 줄을 서서 기다리기에 정류장이라 짐작하고 뒤를 따라 줄을 섰다. 버스는 쉽게 오지 않고 추위에 떨며 주위를 두리번거리니 기다리는 사람들이 거의 이십대 남녀 쌍쌍이었다. 손을 잡고 더러는 팔짱을 끼고 춥다며 꼭 껴안고 있는 모습이 너무 보기 좋아 어이없게도 내 기분 역시 한껏 고조되는 것 같았다.

젊은이들이 나를 보고 무슨 생각을 할까 하는 생각이 선뜻 스친다. 갑자기 다리에 힘이 빠지고 부끄러운 생각으로 추위도 느끼지 못할 지경이었다. 마음을 가다듬고 친구에게 속삭이니 눈을 흘기며 쓴웃음을 지었다. 버스가 도착하여 많은 사람으로 붐볐으나 한 사람도 흐트러짐 없이 질서 정연하게 차에 올랐다.

나이 든 분들이 더러는 젊은이들을 걱정하지만 모두가 노파심의 기우일 뿐 선진국 일등 국민답게 질서 정연한 모습이 보기 좋았다. 남산에 오르자 많은 사람으로 인산인해를 이루어 걷기가 힘들었다. 사람들 틈에 비좁게 끼어들어 천천히 걸었다. 정상에 올라 타워에 오르기 위해 엘리베이터 승차권을 구입하러 갔으나 매표구에도 민원이었나.

타워 레스토랑의 식사권과 엘리베이터 승차권을 겨우 구입하였으나 엘리베이터 승차장을 찾을 수가 없었다. 이리저리 기웃거리며 한 바퀴 돌고는 겨우 겹겹이 둘러진 칸막이 줄 따라 서려는데 레스토랑 안내자가 우리를 안내해 주었다. 식당에 들어서자 젊은이 틈에 간간이 가족 동반이 있으나 다들 어린이를 동반한 부부들이고 늙은이는 우리 둘 뿐이었다. 서먹하고 약간의 미안한 감이 있었지만 우리의 용기와 기동력에 스스로 만족해하며 안내자가 인도하는 지정석에 당당히 앉았다.

따뜻하고 세련된 분위기 속에 양식으로 차려진 뷔페 그릴에서 즐거운 식사 시간을 가졌다. 창밖으로는 거룩함이 깃드는 고요한 하늘과 불야성 시내가 하나님과 인간 세상을 오가는 듯했다. 한껏 품위를 지키며 우아한 식사를 하고는 번잡한 라운지로 들어섰다.

법석거리는 젊은이들 틈바구니에서 차례를 기다려 설치된 망원경을 서툴게 들여다보기도 하며 폼을 잡고 사진도 찍었다. 전망 창으로 보이는 야경은 살아 있는 서울을 연상케 하며 한국의 위대함에 자랑스러워 어깨가 으쓱해지기도 했다.

엘리베이터를 타고 타워를 벗어나 산 정상에 들어섰다. 여기서도 야단법석이었다. 젊은이들이 웃고 떠들며 사진 찍으며 활기차게 움직이는 광경은 바로 축제 분위기였다. 추위와 밤은 어디로 가고 축복받은 청춘 그 자체뿐이었다. 주제넘게도 왁자지껄함 속에서 덩달아 사진도 찍고 커피를 마시며 마음껏 즐겼다.

아쉬움을 뒤로하고 시내로 나오기 위해 버스 정류장으로 향했다. 올라갈 때보다 더 많은 인파로 걷기가 힘들 지경이다. 군중들 틈에 끼어 추위도 잊고 한발 한발 내디디며 정류장에 도착하니 버스를 기다리는 사람들이 끝이 없다. 두 대의 버스를 보내는 동안 잊었던 추위가 몰려 와 차에 오르니 집보다 더 따뜻하고 포근한 것 같았다.

애니메이션 건물 앞에 내려 명동을 향해 걸었다. 청춘들 속에서 다시 젊음에 흠뻑 빠져 보고 싶었다. 길을 건너기 위해 건널목을 찾는데 어디서 캐럴송이 들렸다. 두리번거리며 소리 나는 쪽을 바라보니 움직이는 무대였다. 컨테이너 자동차에 철 박스를 걷어내고 유리로 사방을 둘러 무대를 꾸몄다. 찬송이 흘러나오며 흰옷 입은 천사들의 춤으로 우리에게 기쁨을 주었다. 거리를 지나는 사람들도 발걸음을 멈추고 흘러나오는 찬송을 따라 부르며 환호했다. 무대차가 여러 대 연거푸 따라온다. 어느 곳에서나 길을 걷는 나그네는 손을 흔들며 화답한다. 길이 막혀 자동차가 움직이지 못하나 클랙슨 울리는 소리가 들리지 않는다. 즐거움에 빠져 성야를 잊었던 내 마음은 찬송을 부르며 성탄의 거룩한 밤으로 되돌아왔다.

  길을 건너 명동에 접어들었다. 명동 성당을 찾으려고 해도 인파에 마음대로 걸을 수 없으며 정확한 위치 파악도 힘들 지경이었다. 건물마다 네온사인으로 번쩍이는 트리를 보며 인파 속에 묻혀 있는 것만으로도 뿌듯하고 힘이 넘쳤다. 사람들에게 이끌려 움직이다 보니 추위도 날아가고 눈앞에 국립극장이 보였다. 극장 앞에서 어렵게 좌회전하여 서서히 걸었다. 하루를 멀다 하고 4년간 돌아다녔던 명동거리를 회상하며 벅찬 마음으로 걸었다. 추억을 더듬으며 걷는 발걸음은 조금은 허전함과 아쉬움으로 잦아든다.

  길 건너 백화점 벽면에 금빛으로 번쩍이는 찬란한 트리에 놀라움을 금치 못하며 호텔 입구 공간에 꾸며진 낮은 나무들의 화려한 트리에 입을 다물 수 없다. 구석구석을 누비며 감탄 소리가 절로 나오며 인간의 위대한 창의력에 경의를 표한다.

  젊음의 열기 속에서 흥분과 열정으로 시간을 보내는 동안 밤은 깊어만 갔다. 젊은 군중의 광장에 묻힌 몸과 마음은 청춘을 되찾은 듯 피곤함도 없다. 집으로 가기 위해 정원을 빠져나왔다. 인류 구원을 위해 오신 예수 탄생을 축하하며 기뻐하는 크리스마스이브의 축제였다.

크리스마스의 감사

　2011년 크리스마스다. 서울에서 맞는 성탄절이라 새벽 예배를 드리지 못해 아쉬웠다. 화이트 크리스마스를 기대했으나 눈은 고사하고 교회 가는 길이 차갑기만 하다. 딸이 다니는 교회에서 인류 구원을 위해 인간으로 비하하여 태어나신 성자 하나님께 감사드리는 목사님의 강론으로 성령 충만한 예배를 드렸다. 이스라엘의 예수 탄생 교회가 떠올라 큰 은혜를 받았다.
　예배가 끝나고 교회 식당에서 국수를 먹고는 친구와 약속한 장소에 가기 위해 지하철역으로 향했다. 신기하리만큼 새롭고 즐거웠던 어저께 밤을 생각하며 부푼 기대감으로 오늘 밤의 정경을 머리에 그려 본다. 지하철역이 출발점이라 차에 오르자 널려있는 빈자리에 앉아 눈을 감았다. 지난날의 크리스마스가 어슴푸레 생각난다.

12월이 접어들면 먼저 거리마다 크리스마스 캐럴이 울려 퍼진다. 노래에 젖어 성탄절을 기다리며 한해를 마무리 지으려 준비를 한다. 그러면서 은근히 새벽 송을 기대하며 기다린다. 중등부 주일학교 때부터 지도 교사님의 인솔 하에 새벽 송을 다니기 시작했다. 24일 밤 교회에 모여 예배도 드리고 찬양 연습을 한다. 나머지 시간에 성경 퀴즈 놀이도 하고 둥글게 모여 앉아 장래 희망을 얘기하며 오락 시간을 갖기도 한다. 4시 통금 해제 사이렌이 울리면 우리는 새벽 송 나갈 채비를 한다.

캄캄한 밤길에 선두가 등불을 들고 성도 집으로 가는 길을 인도하면 우리는 뒤따른다. 집이 가까워지면 발걸음도 가볍게 조용히 하라며 선생님이 손가락으로 입술을 가리킨다. 대문 앞에서 찬양으로 예수 탄생의 기쁜 소식을 전한다. 거룩한 찬송이 울려 퍼지면 어두웠던 집안에서는 금방 불이 켜지고 집사님이 서둘러 나오셔서 우리를 반긴다. 같이 찬송 부르고 "메리 크리스마스" 인사드리면 "감사 합니다"로 화답하며 두툼한 과자 봉지를 내민다.

여러 집을 두루며 기쁜 소식을 전하고 산타 할아버지 선물 자루만큼 커진 보퉁이를 메고 의기양양하게 교회로 돌아온다. 무거운 과자 보따리를 보며 추위와 피곤도 잊은 채 발걸음은 한없이 가벼웠다.

어느새 목적지에 도착하여 친구를 만났다. "부활 더 골든 데이지"

라는 뮤지컬을 보기 위해 나루 아트회관으로 향하였다. 즐거웠던 어제께 밤 얘기를 나누며 발걸음을 재촉한다. 조금 이른 시간이기도 하고 추운 날씨 탓인지 공연장 입구가 설렁한 분위기였다. 몸을 녹이기 위해 모퉁이에 자리 잡은 카페로 들어가 구석 자리에 앉았다. 따뜻한 커피로 몸을 녹였다.

시간이 가까워지면서 관객들이 들어오나 싶더니 왁자지껄 카페로 몰려든다. 약속이나 한 것처럼 젊은이들뿐이다. 커피를 마시던 나는 조금은 움츠러드는 기분이었다. 공연 시간이 가까워지자 모두들 공연장으로 향하므로 우리도 일어나 지정석을 찾아 나섰다.

뮤지컬 내용은 지구의 온난화로 모든 동식물이 소멸되는 지구의 초토화를 예견하는 내용이었다. 백두산 나비를 연구하는 젊은 과학자의 이야기로 막이 오르자 영상으로 백두산 자락에 크고 아름다운 나비들이 마음껏 날아다닌다. 보통 나비에 비해 크기도 하지만 영롱한 색채를 지녀 어떤 나비와도 비교할 수 없는 나비들이었다. 날이 갈수록 나비가 조금씩 줄어지더니 졸지에 멸종해 버렸다. 식물학자는 지구의 공해와 온난화로 인한 것인 줄 알고는 나비를 살리려고 온갖 힘을 쏟았으나 결국 실패하고 말았다.

산업 발달로 인해 황폐해 가는 지구의 앞날을 걱정하는 메시지였다. 관객들에게 미래를 생각하게 하는 교육적이고 의미 있는 공연이었다. 우리나라 배우들도 서양배우 못지않게 노래, 연기뿐만 아니라 외모까지 출중하여 재미를 더하였다. 무대장치, 의상, 극본 모두가 조화를 잘 이루어 물 흐르듯 자연스러웠으며 새롭고 흥미로웠다. 어느 것 하나 나무랄 곳 없는 수준 높은 무대였다. 수고한 모든 이에게 고마움의 박수갈채 속에서 뮤지컬이 끝났다.

무대의 감동을 안고 어둠이 깔린 길을 따라 공연 얘기를 주고받으며 지하철역으로 향했다. 시청 앞 광장과 청계천에 세워진 크리스마스트리를 보기 위해서다. 덕수궁 돌담 길을 기웃거리다 빈대떡과 국수로 추위와 시장기를 메우고 시청광장으로 향했다. 바람까지 동반한 서울의 거리는 칼날 같았다.

어둠이 깔린 시청 광장에 세워진 크리스마스트리를 보며 나도 모르게 찬송이 흘러나왔다. 기대를 잔뜩 갖고 찾은 트리는 생각보다 약소했으나 트리 앞에서 손을 잡고 얼굴을 바라보며 경배 찬송을 불렀다. 코끝이 짜릿하지만 넘치는 감동으로 추위도 잊을 지경이었다. 우리는 팔짱을 끼고 트리 주위를 한 바퀴 돌고는 말문을 잊은 채 기쁨 충만 속에서 깜박거리는 트리를 한참이나 바라보았다. 아이들이 즐겁게 지치는 스케이트장을 지나 청계천 광장으로 향했다. 높은 건물에 저마다 개성 있게 꾸며진 트리에 놀라움을 금치 못하며 인간의 무한한 능력의 위대함에 다시 놀랐다.

많은 사람의 벅적임을 보고는 청계천 가까이 옴을 느끼게 한다. 번쩍이는 불빛만으로도 마음이 설렌다. 그러나 가까이 가 보니 전기 절약으로 불빛이 감소된 청계천이었다. 어둠 속에서 흐르는 냇물을 바라보며 차분해지는 마음을 가다듬고 트리와 함께 잘 꾸며진 광장으로 돌아왔다. 여기저기를 누비며 마음껏 웃고 즐겼다.

지난밤 남산에서 친구가 새로 구입한 스마트 폰을 자랑스럽게 치켜들고 폼을 잡았으나 한 컷도 건지지 못한 사진을 보충하겠다고 여러 번 포즈를 취하기도 했다. 다음 날 새벽 아무 배경도 없이 배시시 웃는 얼굴만 크게 찍힌 사진 한 장이 휴대폰으로 배송되었다.

집으로 가기 위해 광화문역으로 향했다. 카페에서 케이크에 커피 한 잔으로 몸을 녹였다. 청춘들의 군중 속에 묻혀 찬란한 거리를 활보하고 기쁨을 마음껏 누린 크리스마스였다. 둘만의 추억으로 깊이 간직하고 싶은 성탄절이었다. 두 손을 맞잡고 눈을 마주하며 고맙다고 힘을 주고는 엇갈린 지하철을 타기 위해 아쉬운 작별을 했다.

우리들의 크리스마스 행사는 서울의 추위를 안고 즐겁고 행복하게 마무리지었다. 함께한 친구가 고맙고 자랑스럽다. 하나님께 감사드리며 큰 영광을 드리고 싶다. 추운 날씨지만 마음은 한없이 포근하고 따뜻해진다.

■ 작품해설

≪겨자씨 한 알≫의 생명과 미학적 재현

박양근(부경대학교 교수, 문학평론가)

■ 작품해설

≪겨자씨 한 알≫의 생명과 미학적 재현

박양근(부경대학교 교수, 문학평론가)

    정수자 작가의 수필에서는 라벤더 향기가 난다. 연중 햇살이 따뜻한 지중해 연안에서 뿌리로 번식하는 라벤더 꽃은 방향제로 널리 사용된다. 뿌리와 향기를 보여주지 않으면서 그 이름이면 지켜주듯 꽃말도 침묵이다. 그녀를 곁에서 지켜보거나 그녀의 글을 읽은 사람은 누구나 라벤더 꽃을 떠올리는 이유는 넉넉한 인품으로 주변을 따뜻하게 해줄 뿐만 아니라 글로써 그들의 삶을 다독거려주기 때문이다. 사람이 글이라는 말을 빌린다면 작가의 수필이 바로 라벤더 향기라고 말할 수 있다.

    수필은 진실을 바탕으로 한다. 자성의 문학으로서 수필은 우리가 생각하는 이상으로 진실성과 감수성을 필요로 한다. 진실성이 작가가 어떤 삶을 지켜왔는가에 좌우한다면 감수성은 맑고 따뜻한 언어로 정제되어진다.
  그만큼 정수자의 글은 포근하고 따뜻하다. 그녀의 수필을 읽으면 책을 손에 쥔 것이 아니라 조곤조곤 이야기하는 작가의 목소리를 따스한 햇살을 받으며 직접 듣는 기분에 빠진다. 작가의 손을 잡고 향기로운 화원 사이로 걷는 느낌마저 받는다. 평화스럽고 아늑한 언어의 향기가 시종 와 닿는 자기는 순탄한 길만을 걸은 것이 아닌가 하시만 나름의 숱한 고통을 감내해 왔다. 다른 점이 있다면, 정수자는 척박한 땅에서조차 아름다운 꽃을 한껏 피워냈다는 점이다. 이렇게 할 수 있는 여건은 오직 하나뿐이다. 독실한 신앙심과 깊은 가족애와 포근한 인간애 외에도 미물에 대한 한없는 동정심을 품은 것이 그것들이다.

  정수자는 고희의 언덕 위에서 지나온 여정을 지금 되돌아본다. 그간의 삶을 결산한 수필집이 ≪겨자씨 한 알≫로써 이 작품집은 여성으로서 살아온 세월의 짐을 정성스럽게 풀어낸다. 글을 대하는 작가의 소회를 요약하면 종교를 통해서는 용서와 배려를 배웠고 문학에서는 마음의 고통과 기쁨을 내려놓았다는 것이라고 하겠다.
  문학은 본질적으로 내성적이면서 외향적인 표현 양식이다. 외향적으로 사물의 근원을 모색한다면 내성적으로는 치유의 효과를 베푸는 게 문학이다. 정수자의 수필도 본인과 독자에게 내향적이고 외향적인 미적 파장을 동시에 전해주고 있다.

정수자의 수필세계를 알려면 먼저 〈봄의 문턱에서〉라는 작품을 통해 작가와 대화를 나눌 필요가 있다. 그녀에게 봄은 어떤 시점인가. 나아가 고희를 넘긴 자신의 삶을 어떻게 정리하는가. 그녀는 우선 주부로서, 어머니로서, 그리고 여성으로 보낸 흐뭇하고 행복했던 시간을 회상한다. 자신의 모든 것을 바쳐 남편과 아이들을 뒷바라지한 삶은 성공적이었다. 그 세월을 행복하다고 생각하면서도 "가끔씩 이게 내 삶의 전부였나"라는 의문을 품는다. 정수자의 수필은 이러한 심적 균열을 숨기지 않는다. 오히려 그것을 밝힘으로써 매사에 성실할 수 있었고 고통받는 이들에게 기쁨과 희망을 전해줄 수 있었다. 나아가 주부는 "가정을 이루는 밑거름이며 일등 나라를 이루는 원동력"이라는 믿음을 전파하였다. 저녁 준비를 위해 장바구니를 들고 바삐 걸어가는 어머니가 '가족의 힘'이었듯이 볼펜을 들고 자신을 이야기하는 할머니가 가족의 자랑이라는 것이다.

〈봄의 문턱에서〉와 〈내 마음의 은하수〉라는 두 작품은 심미감이라는 세계로 옮겨진 작가의 의식을 보여준다.

> 나를 버리고 그들을 위해 사는 가족 속의 나. 살다 보니 그것이 바른길 같았다. 어느 때까지 그들 삶 속에 묻혀 살아야 하는지 갑자기 두려움이 엄습해 온다. 나를 찾고 싶다. 나를 갖고 싶다. 어떻게 해야 할지 깊은숨만 몰아쉰다.

대학 졸업 25년 후 동창생들과 지리산 피아골로 여행 갔을 때 그녀의 시선은 내면을 향한다. "나를 찾고 싶다"는 내적인 호소는 당연히 미래의 자아를 추구하게 된다. 불혹을 넘겨 자아를 찾으려는 입신은 안정된 결혼이 빚어낸 권태가 아니라 참자아를 찾으려는 입문에 해당한다. 이러한 의욕은 종교에서 그랬듯이 "용서와 배려를 배운 세월"을 이어받는다.

정수자의 삶에서 가장 중요한 가치는 신앙이다. 고희의 삶을 돌이켜 보면서 상재한 ≪겨자씨 한 알≫에 게재된 다수의 작품은 신앙수필에 속한다. 가족애와 인간애의 토대로서 그녀의 종교적 삶을 보여주는 대표작은 〈나의 예수 이야기〉이다. 초등학교 4학년 때 처음 교회를 찾아간 이래로 손자손녀들을 둔 지금까지 꾸준히 실천하고 있는 교리는 "예수 잘 믿는 것이 사는 길"이다. "예수를 잘 믿는" 진실한 믿음이 인생의 갖가지 고통을 이겨낼 수 있는 힘이라고 여기기 때문에 그녀는 더 겸손한 삶을 살게 되었다고 회상한다.

3대에 걸친 신앙생활을 그려낸 작품으로 〈내 사위는 안수집사〉로 손꼽을 수 있다. 가족에게 기쁜 일이 있든, 안타까운 일이 있든, 신앙이 버팀목이 된 사실은 기도에 대한 믿음에서 잘 알 수 있다. 그녀는 항상 기도한다. 이러한 기도는 베드로가 하느님의 교회를 반석에 세웠듯이 증손자 대에는 목회자가 나올 것이라는 기대감으로 나아간다.

작가의 신앙은 가족에게 한정되지 않고 봉사와 선교로 확대되고 있다. 장애어린이를 돌보는데 최선을 다할 뿐만 아니라 선교를 위한 해외여행도 마다하지 않는다. '교회 밖으로'라는 행적은 제3부 〈나의 예수 이야기〉에 집중되어 있으며 여타 작품들도 하느님에 대한 믿음을 바탕으로 한다. 파이프 오르간 소리를 들으며 성당에서 묵상했던 어느 날을 적은 〈파이프 오르간이 있는 성당〉과 시청 광장에 설치된 크리스마스트리를 보면서 자신도 모르게 찬송가를 불렀던 경이로운 체험을 담아낸 〈크리스마스의 감사〉 등은 기독교 신앙이 체화된 과정을 알려주는 작품들이다.

초등학교 때부터 올곧은 삶으로 인도한 것이 신앙이라면 결혼 이후 그녀를 지켜준 것은 모성애다. 작가의 모성애는 어머니에 대한 그리움과 가족에 대한 헌신으로 구체화된다. 어머니의 이미지는 "나약함 속에 강인함을 지니고 깊은 사랑을 베푸는" 전형적인 한국 여성이다. 〈너들 먼저 먹어라〉는 대가족에게 사계절 내내 맛있는 별미를 마련해 준 어머니의 손맛을 깔끔하게 담아낸 수필이다. 어머니의 손맛은 '사랑을 베푸는 일에서는 누구도 흉내 낼 수 없었던' 모성을 일깨워주는 가장 적절한 은유이다. 세상의 어머니는 아무리 힘든 일을 하여도 피곤함을 내색하지 않고, 지치면 혼자 뒤뜰에서 넋을 놓고 앉아 있는 존재이다. 그 사랑과 인고를 알지 못했던 작가는 환갑쯤의 나이가 되어서야 모성의 본성을 감지하였다고 솔직히 고백하다. 그중에서 어머니에 대한 그리움을 '가마솥에서 온종일 우려낸 어머니의 따뜻한 국물 맛'에 일치시킨 언어적 감수성은 수필의 읽는 맛을 북돋워주고 있다.

정수자의 모성애는 자연애로 확대된다. 거미줄에 걸린 반딧불이의 죽음을 묘사하는 〈빛 잃은 반딧불이〉는 미물에 대한 연민과 기독교적 사랑을 결합시키고 있다. 거미줄에 걸려 있을지라도 파란빛을 잃지 않는 반딧불이를 집으로 데려와 물로 씻어주는 행동은 모성적 연민을 고스란히 보여준다. 인간으로서 그녀는 반딧불이의 최후를 마냥 지켜볼 수밖에 없지만 작가로서 그녀는 반딧불이의 마지막 투혼과 꺼지지 않는 불빛에 미적 생명을 부여한다. "죽어 가면서도 결코 놓지 않던 불멸을 빛"에 죽음을 목전에 둔 비장한 장수로 비유한 것도 좀처럼 찾기 어려운 신선한 기법이라고 아니할 수 없다.

반딧불이에 대한 경이로움은 〈감 하나〉에 이어진다. 어린 시절부터 감을 좋아했던 작가는 도시에 살면서 아파트 공원 내의 감나무를 남다르게 지켜본다. 그녀에게 감은 주전부리가 아니라 한 해의 세월을 헤아리는 자연의 시계이다. 새빨간 감 하나만 달려 있어도 어린 시절의 순수함을 되살리고 오 헨리의 〈마지막 잎새〉처럼 생명의 소중함과 희생심을 일깨울 수 있다. 만일 누군가 그 감을 따버리면 자연이 인간에게 베푸는 경이로움을 놓치게 된다. 작가는 하나씩 사라지는 감을 지켜보면서 자연이 베푸는 애정을 알지 못하는 도시인의 무분별을 비판한다. 두 작품에 등장한 반딧불이와 감은 자연애와 생명존중을 일깨우는 기호인 셈이다. 이처럼 두 작품은 작가의 인간애가 자연이라는 지평을 따라 확장되고 있음을 보여준다고 하겠다.

환갑을 지났을 때 정수자는 새로운 길을 추구한다. 그 길이 내면에서 싹터 올랐던 사색과 사유를 담아낸 수필 세계이다. 글 쓰는 행위는 사물을 해석하는 시선뿐만 아니라 당사자의 삶도 변화시킨다. 내면에 숨어있던 진실이 종종 드러남으로써 하지 않아도 될 고통을 맛보기도 하지만 망실되어 가는 자아에 빛과 바람과 비의 생명력을 뿌릴 수 있다. 이러한 소생은 신앙에서 얻는 갱생과 비슷하다. 정수자는 하고 싶은 일이 있었지만 결혼으로 얻은 가족을 위해 감내하였다. 자손들이 사회적으로 독립하면서 그녀는 자신의 정체성을 되찾으려 한다. 원했던 것 중의 하나가 배움이다. 대학 시절의 배움은 해외여행 중에 일부러 대학 강의실을 찾아갈 정도로 정신적 자산으로 남아있다. 〈내 마음의 은하수〉와 〈봄의 문턱에서〉가 대학 시절에 대한 감회어린 향수를 펼쳐 낸다면 〈대학 강의실에 들어서며〉와 〈몽블랑 볼펜〉은 대학 캠퍼스로 들어간 학문과 문학적 체험을 전해 주는 작품이다. "이 늦은 나이에 대학 강의실에 앉으리라고 예상 못한 일"이라고 말하듯이 대학 캠퍼스와 강의실에서 만나는 젊은이들은 그녀를 대학 시절로 되돌아가게 한다. 더군다나 수필이 인간학이며 인문학이라는 점에서 작가가 보여준 자아의 변신이 놀랍기만 하다.

  문학을 통한 자아인식은 〈몽블랑 볼펜〉이 잘 보여 준다. 평소 그녀는 여성의 성품은 다섯 가지 "씨"에 있다고 믿는다.

    사람의 성품에는 다섯 씨가 있다고 한다. 솜씨, 말씨, 맵시, 글씨가 그것이다. 사람마다 재능이 다르고 한 사람이 모두 다 갖기는 힘들다. 여성에게 어떤 재주는 솜씨로서 솜씨에는 요리와 바느질이 있다. 이것들은 가정주부의 조건에 해당함으로 사대부의 종갓집 며느리가 되려면 맵시와 말씨가 덧붙여져야 한다.

사람의 성품으로 손꼽는 글씨에는 필체 외에 글솜씨가 포함된다. 글이란 기도처럼 자신을 지켜보는 시간이므로 진실한 고백을 요구받는다. 수필이 인격도야의 공간이라는 점에서 보면 어머니의 가슴품과 일맥상통한다. 고희에 이루어낸 작가라는 신분도 내적 인격체이므로 당당한 할머니로 인정받는다. 보름 동안 함께 생활했던 외손녀가 "대학에 다니는 것이 할머니 새벽 기도 덕분이며 시간을 내어 글을 쓰는 모습을 존경한다."고 말하는 칭찬은 변화된 작가의 모습을 지켜본 가족과 주변 사람들의 평가를 대변해주고 있다.

그러면 오늘날의 정수자는 누구인가. 그녀는 기도하고 봉사하고 글을 쓴다. 뿐만 아니라 젊음을 지켜가기 위해 자기계발을 쉬지 않는 인격체이기도 하다. 몽블랑 볼펜을 손에 쥐고 편지를 쓰거나, 글을 쓰기 위해 컴퓨터에 앉을 때는 나이를 초월한 작가의 모습을 지켜낸다. 겨자씨 하나를 땅에 뿌림으로써 자신뿐만 아니라 가족 모두를 위한 비옥한 삶의 땅을 경작한 셈이다. 이것이 수필을 통하여 이루어낸 정수자의 본모습이라고 할 것이다.

정수자의 수필집 ≪겨자씨 한 알≫은 연륜이 무르익을수록 어떤 삶을 이어가야 하는가를 보여주는 전범典範에 속한다. 청춘시절에는 학문을, 결혼 후에는 아내의 직분을, 나아가 사회인으로서 역할과 인간으로서 종교적 믿음을 모두 지켜내는 것은 생각만큼 쉽지 않다. 이러한 족적을 언어로 남기는 작업은 심미감과 감수성이 충분하지 않으면 참으로 어렵다. 그런데 정수자는 이 모든 일을 이루어냈을 뿐만 아니라 성실한 삶의 도리를 가르쳐주는 작가로서의 책무도 잊지 않고 있다.

작가의 수필은 제목이 말하는 것처럼 겨자씨 한 알이다. 씨앗은 자신의 희생을 통하여 새로운 세대를 번성케 한다. 마찬가지로 작가의 고통과 고뇌가 있으므로 수필이라는 씨앗은 사람들에게 감동과 인식의 텃밭을 마련해준다. 정수자가 인간으로서 나아가 작가로서의 직분에 최선을 다하였으므로 ≪겨자씨 한 알≫은 심미적 생명을 충일하게 이어간다고 말할 수 있다.

정수자 수필집
겨자씨 한 알

인쇄 2014년 04월 14일
발행 2014년 04월 18일

지은이 정수자
발행인 서정환
펴낸곳 수필과비평사
주소 서울시 종로구 삼일대로 32길 36(익선동 30-6 운현신화타워 빌딩) 301호
전화 (02) 3675-5633, (063) 275-4000 · 0484
팩스 (063) 274-3131
이메일 sina321@hanmail.net   essay321@hanmail.net
출판등록 제300-2013-133호
인쇄 · 제본 신아출판사

저작권자 ⓒ 2014, 정수자
이 책의 저작권은 저자에게 있습니다. 서면에 의한 저자의 허락없이 내용의 일부를
인용하거나 발췌하는 것을 금합니다.
COPYRIGHT ⓒ 2014, by Jeong Suja
All right reserved including the rights of reproduction in whole or un part un any form.
저자와 협의, 인지는 생략합니다.
잘못된 책은 바꿔 드립니다.

ISBN 979-11-951582-6-3 03810
값 13,000원

> 이 도서는 국립중앙도서관 출판시도서목록(CIP)은 서지정보유통지원시스템 홈페이지
> (http://seoji.nl.go.kr)와 국가자료공동목록시스템(http://www.nl.go.kr/kolisnet)
> 에서 이용하실 수 있습니다.(CIP제어번호: CIP2014010405)

Printed in KOREA